歴史文化ライブラリー

371

死者のはたらきと江戸時代

遺訓・家訓・辞世

深谷克己

吉川弘文館

目　次

死者が生者を動かす時代――プロローグ

1　死者が生者を動かす時代

千年に一度という規模の激震と大津波。それに連動してメルトダウンにまで至った原子力発電所の事故。死者・行方不明者・居所喪失者を多数出した二〇一一年三月一一日の東日本大震災をきっかけに、あらためて死と生のありかたを考えなおそうとする気運が広がろうとしている。そんななかで、「死者と共に生き、共に闘う」という死者論を残した歴史学者上原専禄の言説(『死者・生者―日蓮認識への発想と視点―』未来社、一九七四年、のち『上原専禄著作集』一六巻、評論社)が注目されるようになっているという(朝日新聞、二〇一二年六月一八日夕刊、「死者との共闘を説いた歴史学者上原専禄に再び光り」)。三・一一震災があらためて死生を考える大きな示唆を与えてくれたことはたしかであろう。だが、そのほかにも、死の問題を考えようとする事情が生じてきている。

一九九三年に東京大学の教養講座の記録として、死について広角的に論じた『生と死』(木村尚三郎編、東京大学出版会)という本が二冊に分けて刊行された。合わせて二〇人以上の研究者が学際的に死を考察しており、日本史分野からも、中世史の勝俣鎮夫が「日本人の遺骸観念」、近世史から尾藤正英が「死を美化すること」というテーマで参加している。

編者の西洋史家木村尚三郎は、ヨーロッパは長く「低成長」の時代が続いており、そのことが死を常に脳裏におく生き方をすることにつながったが、日本社会も高度成長の謳歌から低成長の時代に入ったことに気づき始め、ようやく死を見詰める気運が生まれてきていると指摘している。

木村の説明が当たっているかどうかは検討を要するが、高成長時代が豊かさを謳歌できる環境ということなら、その反対の低成長の環境では、人は不幸や敗退を噛みしめる自己省察的な気分になることが多く、それが死を考えることにつながりやすいということは言えるかもしれない。いずれにしても、そういう趣旨の講座に、専門をこえて多くの研究者が集まり、それぞれの専門を生かして死についての見解を、若い学生の前で開陳しようとしたことは留意すべきである。

ほかにもこうした動きに関連することで気づかされることがある。広く活用されている国語辞典『広辞苑』（岩波書店）に「タナトロジー」という項目が取りあげられたのは、第五版以降のことである。第五版の第一刷は一九九八年に出ている。「タナトロジー」を、『広辞苑』では次のように説明している。

thanatology。死についての学問。人間の死をいかに考え、各自が己れの死、他人の死をどう迎えるかについての学際研究。ラテン語の動詞morior（死ぬ）に基づきモリオロジー（moriology）ともいう。

近世史研究の分野で、宗教史が近年活発になっているが、それには地域社会史という関心の高まりが一つの支えになっているにせよ、宗教、信仰と分離できない生死の問題関心がもう一つの足場になっていることは疑えないところである〔高埜利彦他編　二〇〇八〕。また、中川学『近世の死と政治文化』のような、死をめぐる充実した専門研究書が刊行されているのも見逃せない兆候である〔中川　二〇〇九〕。

人が死ぬことは太古いらい変わりがない。歴史の中で生起する無数の事項の中で、例外が認められていない事柄の一つが死ぬということで、これから免れた事例は発見されていない。数百年に及ぶ驚くべき長生・長寿譚、不老不死の仙人譚などは少なくないが、証しがない。かりにあってもたかだか数百年であり、たとえ千年の永さでも自然の歴史から見れば寸秒の間である。したがって辞典の項目に「死生学」が取りあげられるのは、死ぬことが頻繁になったからではなく、人の死を受けとめる生者の側の変化を反映しているということになろう。

その変化とは何だろうか。死が発生する場所、死を取り囲む人びと、死後の記憶の様式の変わり方などである。病院での死の多さ、家人に取り囲まれず息を引き取る臨終の多さ、寺檀関係にない多宗教の斎場での葬式（葬儀のビジネス化）、仏壇のない住居の増加、故人を回想する年忌の省略など、生者と死者との関係は、時勢の力で大きな変流を起こしている。高齢化人口の増大も、死の内的環境を変化させている。寿命はたしかに伸びつつあるが、先にも述べたように不死になるのではない。「老後」の長さは、老・病・死について不安感に苛まれる時間が長くなることでもある。

そのような実感に導かれて、本書で私は、自身が長年研究してきた江戸時代を中心に、どのように死者が生者に処遇され、記憶されてきたのか、死者と生者がどのように関わり合い、互いに影響し合ってきたのかを見直してみようと思う。死ぬことは同じでも、死を迎える側のありようは、死者が住み暮らした時代環境によってそれぞれ異なる。そのことによって死と死者の立ち現れ方が異なってくる。

以下の叙述の便宜のために、ここで一歩だけ踏みこむと、死者と生者の関係については、人間社会である限り何時《いつ》でも何処《どこ》でも当てはまることも多くあり、日本史の長い道のりの中でも近世だからそのようになったという時代的な性格もあり、東アジア世界と文明的に深く接触してきたことから帯びるようになった特徴もある。それらを解きほぐして、江戸時代の死を、少しでも読者の身近に引き寄せることができれば、著者の想いのいく分かはかなえられることになろう。

身分制社会の死者と生者

江戸時代における死の相貌

協業する生者と死者

死者と生者の関係は、人間社会である限り何時《いつ》でも何処《どこ》でも当てはまることが多いと先に述べた。人の歴史は、先行の世代が死者となって眼前から去ればすべてが消去され、残った生者が新規に集団や社会の運営を始めるというように進むのではない。人の社会は、先行の世代が蓄積してきた生存のためのノウハウを知らないままに運営することは不可能である。生きていくことはできるかもしれないが、すでに築きあげられている生存の水準を維持することができない。そうした運営の知識や技量を、集団あるいは社会のメンバーの全員が持っていなくてもかまわない。時代をさかのぼって経験知が優越していた集団や社会であるほど、世代や立場による学習・情報の量、したがって判断力の差は大きかったと考えられる。

集団の長老や呪術者や熱血性情のメンバーの指導力の要素には、世を去った先人の知恵や経験が豊富に知識として蓄えられている。去った先人、先行の世代とは、生者に対しては死者である。物財やそれに関わる技法は、先人が生きている長い間に受け継ぐことが可能であっても、可視化できない精神の領域は、想像と心境で受け継がなければならない。その比重は現代に至っても大きい。この次元でも、生者と死者は結ばれている。その領域の先端に、他界・異界の住人になったり神になったりした死者が、生者の世界に不可欠な予兆をもたらし、生者の祈願の受け手あるいは仲介者として生者を支援する。生者の世界の長老や呪術者は、その声を聴き取って解読し、予言的に導きの言葉を与えるのである。

そうした予言や呪術なしには現実に対処することができないのは文明以前のことだ、という意見があるとすれば、再考を求めなければならない。なぜなら予言・呪術とは伝統社会が持っていた最大の情報集積、すなわちその時代のデータベースを活かした情報運用にほかならない。そこから結論を導き出す方法として、焼いた亀の甲羅の皹《ひび》の線で判断するとか、気象や天空の変容を解釈するとかは、その蓄積された情報の処理方法にほかならない。

このことを、現代における人間社会のさまざまな計画と展望、安全策にまで及ぼしていくと、現代社会も、先人の成果として集積されデータ化された情報を、先人が基礎をつくったコンピュータなどの機器で処理し、判断を進めていく。はるか以前の判断法からすると、現代の判断法には十分の信頼がおけるように改善されていると言いたいが、科学的判断がいかにあやういものであるかは、眼前の社会が日々思い知らされているところである。その次元では、昔も今も、社会は同じ土俵の上にある。

こうした意味で、昔も今も人間社会は死者の後押しで存続してきたと言っても過言ではない。先行の世代の、精神の作動のしかたや社会のしくみ、技術・流通に関する記憶と物財を合わせた遺産は、明示・黙示の両方の形で多種多様に残されている。それらを受け継ぐことなしに、生者は国家・社会の秩序と生産様式を作動させることができない。

ただし、死者に対するイメージの中には、生者に怨恨と憤怒をぶつけるというものがあることも、よく知られている。死者の祟りや呪いが生者に向かうことを主題・副題にした小説、演劇、絵画は数え切れないほど多い。

さらには、すべての死者を禍々しい悪霊と理解する見方もある。しかし、どの集団・社会も、死者の住む他界が全体として生者に対して悪意を持つ存在である、と見ることには耐えられない。死者には血縁者や親密だった故人がおり、彼らの生前に敬愛感情を抱いている者が多くいるからである。

死者の死後について、生者の圧倒的多数は、その落ち着き先が天上（極楽浄土、天国）

であろうと地下（黄泉《よみ》）であろうと、海底であろうと大海原の孤島であろうと、あるいは目に見えぬだけの身辺の幽冥界であろうと、なんらかの死者の「実体的な要素」（魂魄《こんぱく》・霊魂とか分散された機能体とか）がどこかに存続すると考えたがっており、まったくの無になると思おうとはしていない。どの社会も、図像・言説・墓碑・モニュメント・行事などで死者と生者をつなぎたがっており、こうしたことは子供の時期の思い込みに過ぎないとすることはできない。

現在でも、杓子定規な唯物論的生死論を陳述する立場以外は、社会常識として共有されているのは死者の永遠性のほうである。先人の歓喜と恐怖、怒りと怯懦《きようだ》、犠牲と達成などの記録や記憶は、生者に向かって生き方を示唆し続ける死者の声といってもよい。広い意味で、死者と生者はともに今この時の歴史を一緒につくっているということができ、両者はほぼ半々の力を分担していると見るのが妥当と思われる。このことは、江戸時代についても同じである。

非戦と定着の環境の下での死

日本史の長い道のりの中でも、近世だから死のありようがそのようになったという時代的な性格もあると述べたのはなぜか。

死者と生者の深い関わり合いが共通する特徴であるとしても、生者が死者の声を頼みにし、死者が生者の背を押すしかたは、時代に対応した形式でしか現れえ

図1　埋め墓と詣り墓（新座市教育委員会提供）

ない。江戸時代の大きな特徴の一つは、初期・末期の短い時期を除いて、非戦の状態が長く続いたということである。将軍・幕閣を骨格にした政治形態が変動幅少なく持続し、江戸時代より長い時代があるのに江戸時代がもっとも長期であった印象を与える。武器を伏せることを意味する「元《げん》和偃武《なえんぶ》」という言葉が広く知られているように、近世は、乱世から治世へ転換したことがはっきりと見える時代である。

ただし、戦乱から太平に変

わることによって、死の様相が大きく変わった面もあるが、無事の世だからこそ死がより身近に見え、刺激的になった面もある。死は戦国時代よりも、生活者の身近な出来事になり、弱って息を引き取っていく姿が、眼をそらすわけにはいかない距離のところで起こるようになった。戦国時代の戦争は、つねに局地的なものだったから、その土地の住民や雑兵、武士などが合戦に巻き込まれたり、戦闘によって戦陣で落命した。損傷し血まみれの死屍累々とうち捨てられ、名のあるものは首実検のために死化粧をほどこされて陳列されるという異様な死の光景があった。

江戸時代の偃武の非戦状況は、そういう死の光景を消去した。かわりに、新しい環境として単婚小家族（三世代くらいの夫婦中心の四、五人〜七、八人の家族）の家々がもっとも多い集落をつくって暮らす定着の村・町の地域社会が増えた。一七世紀の人口増加は、ほとんど倍増の著しさであった。研究史で、小農自立、近世農村の成立と言われる流れである。兵農分離にともなう小商人・小職人の自立、近世町の成立も同じ流れであり、持家でなくても借家・長屋で暮らす下層都市住民も、小家族で同居して暮らすことでは、死との対し方は同じになる。近世の家屋は、しだいに礎石造りになっていき、一代では腐り落ちない耐久力を持つようになった。

また、キリシタン排除の方策として宗門改《しゅうもんあらた》め制度ができたために、仏寺の住職が、住民の非キリシタンであることを証明するという制度が津々浦々に広がった。そのことが、菩提寺《ぼだいじ》・墓石・過去帳・年忌《ねんき》などの施設や記録簿や行事などと組み合わさって全国化していった。人びとは、不審者を入れない共同体をつくって、何代にもわたってお互いを知り合う、地縁的な社会をつくって生きた。

その環境で、人が戦時ではなく平時の死に方をするということは、発病から病床期間、そして臨終に至るまで、医者頼み、効験ある寺社への願掛け、効あると勧められる薬種の服用などのすべての過程を、同じ家屋内で、あるいは家屋内で闘病する者のために他出することもふくめて、家人としてつき合うということである。末期の病人を入院させて、そこで最期を迎えさせる場所はない。同じ屋根の下で、弱っていき、息を引き取るまで家人として看取るというのが、江戸時代の常態になったのである。死産・間引きなどの水子《みずこ》状態の死、乳幼児の死亡、難産の死もあった。

また、一人旅ができる時代になったがゆえの、外出先での「行路病死人」の発生にも近世的要因があるが、それは少数の側であり、多くの近世人は畳にせよ蓆《むしろ》にせよ、床上で、わるくても床土の敷き藁の上で、つまりは自分が生活する家屋で死んだのである。

現代であれば、危険な流行病として隔離するような病人でも、医薬と祈願を組み合わせながら、屋内で本復《ほんぷく》の努力をし、次々と周囲の者が罹患して、死者を増やすというのが江戸時代の実情である。このような場合は、医薬も工夫し、手当の努力も増すが、加持祈禱《かじきとう》のような神仏頼みも増す。そして遺骸の埋葬、墓石、戒名《かいみょう》、年忌というような、死後の長い付き合いも常態化していく。こうして江戸時代の惣無事《そうぶじ》の環境が、屋内で死んでいくことを保障する程度を高めたがゆえに、死がかえって人びとの身近に接近したと言えるのである。

江戸時代に常態化したのは、個々の家、家族・親族が死者を受けとめるという風習だけではない。人が死ねば、村人あるいは町内で葬式を行い、血縁ではない地縁の関係にある村人たちが葬列を組んで死者の家の菩提寺に向かい、その宗派の僧侶の引導《いんどう》を受け死者は埋葬される。葬列者たちの家々が、異なる仏教宗派に属していてもかまわない。村人として葬儀・法事の際は協同する。こういう習慣が常態化したのが近世である。また、埋葬などの死者の処理に、都市などでは賤民身分の関わりが既得の権益として関わることもある。江戸時代には、中世の自検断的な制裁力を失って、なお、村落社会には「村八分《むらはちぶ》」という共同体内部の不交際という制裁力が残ったが、それでも残り二分、協力を拒まなかったのが、火事と葬式であった。家人が屋内で死と向かい合うだけでなく、村人は、見舞い・出棺・葬列・埋葬という共同の行動の場で、頻繁に死者を見、死者の噂話をしたのである。

ごく平均的な目安で言うと、近世では隠居後の余命は五、六年と言われる（五〇前隠居、六〇代前死去を想定した場合)。人が死と身近にあったことは、同じ天井の下で死につきあうという意味でも、五〇年とされる平均寿命(定命《じょうみょう》観)という、現在と比較すれば短かい一生であったという意味でも、幼くして死ぬ、若くして死ぬ、ふとした病で死に至る、難産で母親が死ぬ、というような不安定さの意味でもそうであった。死を自宅で迎えたのが近世の大きな流れだったが、反面、治安の向上や常夜灯の設置、渡船や宿屋の増加などに恵まれることによって一人旅が可能になり、それゆえに行路病死人として生涯を旅路で終わる者も増えるということにもなったのである。

　近世人は現代人とくらべて、生の儚さを思うことが強く、死後の世界への想像力も一般的に強かったと考えられる。想像力の一つは、自身が来世、後世へ往生することによって、先に死別した先人と会えるという観念である。死別、別離の残念さの感情は今と同じでも、彼岸で先に遠行した知るべに会えるという再会の想像力は、現代にない濃さで働いたと推測される。

　もう一つは、自分が死去した後の此岸《しがん》の世界に、我が家の子孫が代々つながっていくはずという連続性の意識もまた現代を超える強さで感じることができたのではないか。この感情が強かったことは、支配者の教諭が子孫まで長久を保障する、ないしは子孫繁栄がそれによって保障されるという約束をして、民に法度《はっと》を守らせ、秩序の安寧を確保しようとしていたことに表れている。近世化の過程での、豊臣政権の刀狩令《かたながりれい》の「来世までも百姓たすかる儀」「子々孫々まで長久に候」、一七世紀のいわゆる「慶安御触書《けいあんのおふれがき》」の「子孫迄うとく《（有徳）》に暮し」などは、そのことを納得させられる事例である。

近世人は、こうした感情を抱きながら、日々「魂の世話」を行った。通底するものは、招福除災と極楽往生の願いである。多神教的な現世利益《げんぜりやく》の信心で、家族や村落で共通する願いを立て、あるいは自分一個だけの願いを立てて、そうした行為を大事な魂の世話と考えたのである。

寺檀《じだん》制度は、人びとを仏教に慣らし、葬式と先祖供養の作法を浸透させた。僧侶は、法話と葬式だけでなく、大小の現実的な揉め事の調停者としても地域から期待され、寺域は誰もが踏み込めない逃避・謹慎の施設として活用された。僧侶が仲裁の口利き役になることも期待される場合があった。

近世人は、極楽往生に応える仏法だけに魂の世話を委ねたのではなかった。村や町には、いくつもの堂宇《どうう》が混在し、路傍には、地蔵尊や庚申塚《こうしんづか》や馬頭観世音《ばとうかんぜおん》が見られた。それらの中心に通常、複数の祭神を祀る鎮守社があり、土地の安全を守る地神の役割を果たした。鎮守の堂宇の施設を管理・維持する雑事や相談が、住民の居住地意識を刺激し、住民意識をつくった。住民は、神前で獅子舞を奉納し、遠近の人びとが安全祈願や仲間示威の絵馬を掲げた。そうした行為と信心は、死後の魂を預ける菩提寺への敬虔な檀徒意識と矛盾することなく共存できた。仏神への信心は、それぞれの講《こう》への参加で証明された。鎮守を中心に、諸神諸仏が、極楽成仏や傷病平癒や安全息災や相互融和を目的別に約束したのである。

死者に付けられる身分コード

時代に対応する形式で死者は生者と関係を持つと言うとき、その形式の中で大きな比重を占めるのは、死者の生前、没後の社会的位置である。位置とは、死者が身にまとっていた諸属性のうちの優劣上下で測られる、社会的序列のことである。

社会的地位の上下、すなわち格差、それは江戸時代にあってはたがいに「分《ぶん》」の意識となって、むしろ主従、上下の関係を主体化しようとさえする。つまり、身分関係を悪いことだと思うのではなく、所与の条件として受け入れようとして、その葛藤も伴いながら、そこに位置づこうと自己陶冶《とうや》を試みるということである。およそ文明化の時代と言える社会では、古代から現代に至るまで社会的格差は再生産され、この事象にも、死と同じくいまだに例外がない。それに対して反格差、大きく言えば平等への憧憬《しょうけい》と試みが、どの時代にも発現した。今も全世界がそれを試みようとしている。しかしこれも、死にあらがう不老長寿への憧憬と試みがどの時代にも発現したのとよく似ている。

格差は時代によって現れ方が異なるが、江戸時代には、それ以前よりも可視的な身分制度が社会の広い領域に広がった。江戸時代では、社会的地位は家格・身分として現れている。定着の時代に入り、不審者排除と集団や村町の地縁的共同性が深まり、そのためにそれぞれの家族（属する個人）の地位の高低が固定性を強く印象づけられるようになった。社会では、人びとは古い時代から、再生産可能な、あるいは再生産願望をもった、大小の世帯を形成して生存してきたが、おおむね中心となる豪家・大家の支配下に入って、小世帯、諸個人の集団として成り立ってきた。

江戸時代は、それ以前から進んでいた小家族自立傾向に対応する小農保護支配の政治（百姓成立・仁政安民の建前、儒教的民本主義）が正当性をも持つようになった時代である。そのことは、小家族がそれぞれに独立の住居を持って定着する割合が大幅に比重を増したことを意味した。これは、町方の小家族の商人・職人でも同じである。盛衰の不安定さがあったがゆえに、家族総出の家職《かしよく》・家業あるいはそれを支える手伝い、家事・育児に精をだすという生き方になった。つまり、国家の治者、社会の上層だけにあった家の結束、家意識が江戸時代になると格段に拡張し、生き延びるために強まった。

身分と家格の制度化は、この趨勢《すうせい》に対応した先端の政治的システム化であって、伸びようとする勢いを抑えるために設けられたとは言えない。身分を生きるという主体化の営為は、少なくともつくりあげられていく過程では、一定の「合理性」を持つものであったと見てよい。しかし、戦時機構の転態としての幕藩機構の出発、民間社会の肥大化、官僚制化と政治業務の複雑化によって制度の矛盾が拡大し、いったん出来上がった制度をあくまでも保守しようとする、政治権力の習性と言ってよい特性によって身分制度の軋《きし》みはしだいに大きくなっていった。

身分制（身分別支配）が、家業の世襲と、家代々の成員の束縛性の強い固定に結び付いて、移住や職業の自由な選択を阻んだ度合いの強いのが近世の社会であるが、同時にそれが社会と人にとって、しだいに束縛感を強める足かせになってくるのも近世である。ともあれ、身分制社会の近世には、家族の中心となる一人に身分が決められ、そこで家人が暮らす家の家格が決まるようになり、その意識を基盤に、自然・生物・地域などのすべてに身分コードが付されるようになった。身分と身分コードを厳密に区別するつもりはないが、意味合い、あるいはニュアンスのような相違はあり、使い分けることで歴史像の深みも増す。身分は狭く解釈すれば、家の当主である。特別に女性や上層の引退高齢者などが、家につく家格的身分とは別に人身として与えられる場合もあるが、それは特段の存在に対してである。

死者について議論をする時には、すでに隠居しており、本来の家の当主ではないことがふつうなので（当主の立場で死ぬ者ももちろんいる）、広い意味での身分印である身分コードという言葉がふさわしい。死者が隠居であっても、ほとんどの者は生前の家格・身分に属しているものとして扱われる。そして場合によっては、新規に名誉の身分を授与されることもある。

高位の「武家」は、たとえば征夷大将軍徳川家光《とくがわいえみつ》の場合、死後に「贈正一位太政大臣《しょういちいだじょうだいじん》」が追贈された。大名の中には、神格化され、神社が設けられる場合もある。死後の地位上昇は、いわば近世的な論功行賞であると言える。民衆の世界でも、一揆指導者への追慕・義民化・神格化が長い時間をかけて進んでいくとすれば、公然とそうすることは許されない者に対する名誉の追贈、新たな身分コードの付与が行われたということができる。

ともあれ士農工商いずれの身分の死者に対しても、基本的には生前の身分を引き継ぐ身分コードが付けられる。近世は、世襲的身分制度がもっとも可視的であった時代であるが、それは人を差別するしかたで人の生存を保護するという二義性のある装置であったとも言える。そして人間社会の中心が可視的な身分に編成されたことで、余他の動物や自然や超常的な存在、たとえば神仏にも優劣・上下・貴賤のような価値づけが行われた。こうして生者の住む世界にも死者がいると考えられる世界にも、生者・死者とそれをとりまくすべての要素に身分コードが割り振られていく。このことについての試論を、シリーズ『〈江戸〉の人と身分6　身分論をひろげる』〔吉川弘文館、二〇一一年〕の分担章で述べたことがある〔深谷　二〇一二〕。

死者だからすべて神仏になって同じ位階になるというのではなく、神仏であっても序列化される。そして神仏としての威力、すなわち生者の世界への影響力にも違いがある。それらの頂点には、全国土と言ってよい広がりで長期にわたって威力を発揮した「東照大権現《とうしょうだいごんげん》」がおり、各地にはそれぞれの空間・集団に広狭の範囲で威力を振るう人物がいたのである。そうした序列が死者と生者をおおい、その序列を前提として、死者と生者は共存し、かつ依存しあって、人の社会の歴史をつくってきたのである。

遺訓の政治文化

生者と死者の関係について、日本史が東アジア世界と文明的に深く接触してきたことから帯びるようになった特徴とは、どういうものであろうか。それは、日本がその域圏内にあった東アジア法文明圏の諸王朝社会に共通する、「遺訓」の政治文化とでも呼ぶことのできる政治風土である。東アジア法文明とその広地域である圏域については、年来、持論を述べてきている〔深谷　二〇一二〕。

遺訓とは、一つには、始祖・家祖・太祖のような創業者、あるいはその支配の一代において功績ある君主、また特段の英主でなくてもすぐ前の先代が、自らの子孫あるいは次の後継者に向けて与えた教諭、教戒である。生前に与えられる場合もあるが、没した後は遺訓と呼ばれるようになる。遺訓という呼称でなくてもかまわない。中身がそうしたものであるということである。民間でも、家長が残すことがある。上層の商家や農家では、「家訓」が残されることがある。民間でも呼び方はさまざまで、「書置《かきおき》」であったり「覚《おぼえ》」であったりする。

治者の遺訓は、民百姓に対する「政《まつりごと》」と、君主制を持続させるための血縁の子孫維持である「王家《おうけ》の再生産」にかかわる先人としての教訓である。この次元の遺訓が政治文化だとすれば、民間の家族・親戚関係や家業・家職にかかわる注意を箇条に書いた家訓は、いわば近世の経営文化の領域に入る。

始祖は家長、つまり氏の長者である。「儒教核政治文化」が近世の政治文化の基本であることについては、これまでくり返し述べてきているが、その一つの特徴は、王家の家祖尊重、その言説、行動伝承に盛られた「遺訓」による政治文化の浸透という戦略によって動いている政治である。当人がまとめなくても、断片的な言行録《げんこうろく》を、周囲が一貫性のある言動にして意味を深めたり、さらには「明君録《めいくんろく》」に仕上げたりする。こうして始祖・家長の遺訓は、時が経つにつれて、二次的三次的に枝葉を伸ばして真実味を増していく。後継の王権あるいは政権は、しばしば始祖・家祖の教訓、つまり遺訓を持ち出して威光とし、自己への権力求心を実現しようとしてきた。あるいはこのことは、むしろどこにでも見られる君主制支配の法則のようなものかもしれない。

江戸時代では、とくに徳川家康の言説とされるものが「遺訓」として大きな力を発揮するようになる。ただし、江戸時代を通じて興味深いのは、土地土地でよく知られている大名の明君が多いことである。遺訓は、徳川家康の遺訓（とされるもの）が最も広域的な力を発揮し続けたが、大名家でも始祖の遺訓がつくられ、その数はたいへん多い。大名家の遺訓は、将軍家のような、編纂された傾向の強い、したがって曖昧なものでなく、本人の藩政を踏まえて、確かに次代に与えようとする、意欲に充ちたものが多い。

一番の政治的目標は、安民《あんみん》・仁政《じんせい》の政道論であり、二番目、あるいは並行して強調されるのは、支配する「国」「領地」などが我が物ではないこと、よく使われる文言で言えば預かっているという「主君」の立ち位置であり、三番目には、支配する民百姓と執政を支える家中に対しては、「教諭」を法罰に優越させる政治運営である。こまごまと人間関係、財政運営に言い及ぶものもあるが、遺訓の主旨は同じである。農家・商家の家訓は、公儀御法度の遵守《じゅんしゅ》を冒頭に置いて、構造的には大名遺訓と同じ内容になっている。代々続く家業の家を自分の当主期間だけ預かるということの強調は、大名と変わらないのである。政治文化とは言えないが、同質の経営文化なのである。

遺訓の政治文化・経営文化には、治者・経営者であった死者が担う特有の使命が含まれている。治者であれ、被治者の農家・商家、さらには賤視される身分の家長であれ、彼らの「教訓」（死後には遺訓となる）には、同じような力が求められた。違いもある。見方によっては決定的に大きい。それは、遺訓・家訓の効力の範囲と強弱である。遺訓の効力に範囲と強弱の違いがあるということは、言いかえれば、遺訓にもまた一種の身分コードが付けられるということである。つまり、死者の身分と遺訓・家訓の威力の優劣が比例しているということである。

付け加えると、隠居するという社会的慣行が日本に行き渡っていたことも、遺訓文化・家訓文化を行きわたらせる理由の一つとなったと考えられる。隠居してしまえば、長老としての権威は失わないが、実権者ではない。威信・威光の次元では影響は発揮できても、権力の発揮そのものではない。先にも述べたように、江戸時代の当主は実権と言っても自分の代だけ預かっているものであり、無事あるいは大きくして次代に譲っていくというものであって、家父長権の枠内にはあるが、絶対的な家父長権主義ではない。それでも、というより、それだからこそ、預かった期間の実権はおろそかにしない覚悟で臨んでいる。隠居した先代がこうした当主に対して発揮できる「縛り」のような影響方式が遺訓・家訓である。また、それを自己の威信に変えて実権を大きく見せるのは、現在の当主の器量であった。

自分の死を凝視する

発病から臨終に至る、人によって長い、あるいは短い時間は、どの時代に生きた、どの人間にもある。ただ江戸時代には、述べてきたような環境の中で、その始終を屋内で家人が見守ることが当たり前になった。そんななかで、近親者あるいは自己の「死んでいく過程」を凝視して記録する者が現れた。

今際の人間力

また遺訓の政治・経営文化も、今際《いまわ》に至る人の有様の凝視という行為を増幅させた。治者の中の少なからぬ者が、死に臨んだ枕頭で、書いて与えた教諭とは別に、血縁者や重臣らに対して、言葉で最後の教え、望みを残している。また辞世を残した者も多い。その言説がまた記録されることも多い。

治者だけがそうしたことを行ったのではない。民間の大店《おおだな》・豪農《ごうのう》の隠居の今際にも似たような光景があり、反秩序性を持つ百姓一揆の指導者が、処刑の場で辞世を残すこともまま見られた。少なくとも、実録性の強い「百姓一揆物語」には、処刑に際して詠まれたという逸話をともなう辞世が残されている。実物と言われるものも残されていることがある。死に際に、人は最も強く性善の心情を発揮すると考えられた。逆に遺恨の力も、死に際で発されたものこそ最も強力である。呪いつつ息絶えれば、その効力はひときわ大きいものと考えられた。

ここでは、君主身分でも百姓身分でもないが、郷士《ごうし》という、村に住む士分の者が残した臨終へ向けての自己記録を紹介しよう。先に私は『近世人の研究』〔深谷　二〇〇三〕において、この郷士も含む上下身分の何人かの死の記録を紹介したことがあるが、ここでは一人だけを詳細に追い、他は、折に触れて取りあげることにしたい。

無足人山本平左衛門

大和国《やまと》（奈良県）添上郡《そえかみ》田原郷大野村は、伊勢国津《いせ》《つ》に主城（伊賀国に城代を置く上野城）を持つ津藩（明治維新まで国主大名藤堂氏）の領地であった。

伊勢に最も多くの所領があるが、伊賀一国を支配して国主大名になっている藤堂家は、山城《やましろ》・大和にも所領があり、大和では四万石余を支配した。大野村は、田原郷の中の東田原郷日笠村の枝村で、一一〇石余、二〇戸余の小村だったが、ここに「無足人《むそくにん》」山本家の居宅があった。

無足人の無足は無禄の意味で、ふつう郷士と呼ばれている在村《ざいそん》武士の、津藩での身分呼称である〔深谷　二〇〇二〕。大野村に居宅を持つ山本平左衛門（政興のち忠辰）は、寛永一八年（一六四一）から享保五年（一七二〇）までの一生であったが、壮年の時に思い立って、以後四十数年間も日記を書き続けた〔平山　一九八八〕。

その日記の中で、元禄五年（一六九二）の山本家は、藩主のお供を勤める身分として、具足《ぐそく》、鑓《やり》一筋、馬一疋《ぴき》、家来一〇人、鉄砲一挺の常備が義務づけられていた。家来一〇人は馬の口取り、具足持ち、鑓持ち、若党《わかとう》らを合わせた人数で、「国士まさかの御用」、つまり緊急時の軍役であった。山本家土着の経緯によって、近辺には譜代家来筋の百姓が暮していた。実際には非戦の時代に入ったこの頃、兵として藩主に供奉《ぐぶ》するという事態は生じず、山本家は鉄砲を伊賀国上野城下の親類方に預けたままであった。ただし山本家は、無足人の中では上級の家格で、藩主に一人で御目見《おめみえ》得できる「独礼」が許されていた。

山本家の家運としての全盛期は、父の九兵衛の時代であり、六六石余の所持地があった。平左衛門の時代には、早くも山本家の経営は衰退に向かい、ついに窮迫して本宅を立ち退き、当主以下、家族が分散して各地の親族や血縁者を頼り、寄寓することがたびたびになった。平左衛門自身は、法隆寺の子院の一つに寄寓した。そこに、舎弟の勝覚が住持《じゅうじ》となって勤めていた縁を頼んだのである。

平左衛門は、その日記に、人の死に関することをよく書き留めている。こうした死に対する敏感さは、おそらく食中毒・霍乱《かくらん》・痢病・難産などであっけなく死んでしまうことが間々ある、江戸時代の誰もが持っている感覚であったろう。天和二年（一六八二）は、平左衛門の四二歳の厄年だったが、日記の二月一日のところには、「予、四十二厄年たるにより、正月の祝いあり」と書いている。そして四日の箇所には、「今日、初午ゆえ四十二歳厄除けたり。当国松尾山に参詣すべく、用意たりといえども、雨ゆえ延引なり」と記し、翌日、厄除けのために松尾山を遙拝《ようはい》し、法隆寺の中院《ちゅういん》に一泊している。

それから二三年後、七五歳の平左衛門は、正徳五年（一七一五）の日記に、同郷村々の長寿者の氏名・年齢を記録している。長寿者の中には、九〇代、八〇代さえいる。死と表裏になる長寿への強い興味が示されているのである。平左衛門は無足人といっても上級の家格であり、士分意識、士分の感覚で周囲との関係を維持しようと思えばできたであろうが、身辺の百姓世界にもこまめに観察の眼を向けていた。

平左衛門はさらに五年、八〇歳までの長命に恵まれて、享保五年八月までの日記を残すことができた。本書で平左衛門の日記を紹介しようとするのは、彼が長命だったからではない。短命でも長命でも、死を迎えることに変わりはない。長生きのためにできるだけ気をつけてきた平左衛門は、死に直面しても、それをよく眺め、幅広い感情を豊かに経験し、それを詳細に正直に日記に付けた。意気地なさも新たな覚悟も、隠すことなく文章にした。そのことに意義があると考える。

以下の紹介は、いささか執拗な記述や繰り返しの多さに辟易の感を与えるかもしれないが、死んでいくことの自己認識はおよそこのようなものであろうと、寛容に字句を追ってみてほしい。

死に臨む自身の記録

平左衛門の日記は、死に臨む人間の自己観察として、たいへん貴重な記録だと思われる。平左衛門は、八〇歳の享保五年（一七二〇）正月一八日にはじめて胸の苦しさを覚え、その次の日、胸苦しさのために転倒した。その頃も、法隆寺の一院に寄寓していた。転倒してから四日後の二一日に、奈良茶一杯を飲んだが、その味を感じなくなった。

八〇歳になった年の正月朔日には、八〇に満ちて余他の望みはない、紅白の梅花を生けることを生涯の楽しみとする、と書いていた。その時も、風雅に託して、高齢を生きている慨嘆を表白していた。

三冬ヨリ　世ニ名タヽルヤ　キョウノ春　明ヌ夜ナガラ　霞シク山　雉鳴野《きじなく》ヲナツカシミ　カリ寝シテ　住カヘテ　昔ニモ似ヌ　我宿ニ　何ヲコトタチ　春ハ来ヌラン。

他郷在住の意なり

と詠んでいた。風雅に託した慨嘆である。

それからわずか半月ほどして、慨嘆ではすまない生死の畏怖を刻々と超えていかなければならなくなったのである。しかし、平左衛門は死の二〇日前まで日記を書き続けていく。転倒・胸苦しさという、いやでも思い知らされる症状の自覚ということでは、一月一八日が最初だが、それを発病日としてよいかどうか。あるいはもっと軽い前兆のようなものがあったかもしれない。五〇歳の寿命観が行き渡っている当時としては、八〇歳で不自由になるというのは、むしろ珍しいことであり、そのことは本人も周囲も、再々口にのぼらせた話題であったろうと思われる。

平左衛門の日記は、毎日書くというものではなく、思い当たることがあったり、感興を催したりする日に書き付けていくというものである。近世人の日記は子孫への長い教戒《きょうかい》という性格があるが、自分の老いや死への接近を記す平左衛門にも、そういう効果への期待があったのだろうか。ただ平左衛門の日記の記述の調子には、子孫への教戒という先達《せんだつ》の構えや口ぶりは微塵も感じられない。ひたすら近づいてくる死を、痛覚も感情も、浮かんでくるままに、また世間のことも耳に入ってくるままに、日記に書き込んだというような書きぶりなのである。

死出ノ山　行クモツクサデ麓ヨリ　立カヘリシハ　夢カウツツカ。

死出ノ山　立カヘリシモ　カヒゾナキ　ヤガテ越エナン我身ト思エバ。

と、自分の「死出」さえ歌の題にして詠んでいる。ほとんど辞世に近いが、まだ辞世ではない。今生《こんじょう》の側に身をおいて、風雅の嗜みを、「死」の題で味わい、深めているのである。それでもこれ以降は、服薬を続け、痛みをともなう日々となっていく。痰がきれなくなり、発作のように苦しむことも増えてくる。

口頭の遺言

一月二七日には、痰が強くなってきたので、もはや死期が近いと思いこみ、嫡男の辰行に「遺言」を口頭で申しきかせている。その主旨は、自分の死後は「義」を守ること、物事を延引させないことなど、人生訓のような事々で、身分や後継についてのことではない。

耳が弱くなってきて、聞き取りにくくなってくる。一月二九日には、夢の冥府《めいふ》で、今朝、鶯の初鳴《はつね》があったが、「聾ゆえ聞かず。口惜しき事なり」と書いた。二月に入って四日、食欲はなくなっていないが、食べるという行為が「堪えがたい」苦痛となってくる。

死日《しじつ》、近くにあり。

と感じるようになる。翌五日は、「小便繁く、度々《たびたび》」となり、「労故《つかれ》、身力《しんりょく》衰え、夥し《おびただし》」い体調になる。その後は一進一退で、医師が薬を調合して置いていくようになった。

平左衛門の時代、すでに養生書は貝原益軒《かいばらえきけん》の『養生訓《ようじょうくん》』のようなものが刊行されてお

図2　医師（『人倫訓蒙図彙』）

り、右手に養生書、左手に医薬というような健康法が広まってきている。医薬の広まりは、医者に診せることの広まりでもあった。ただ、危機の状態になれば、修験者《しゅげんじゃ》などを頼んで祈禱を行ったり、症状によって効験《こうけん》があるという評判の寺社へ平癒の願《がん》掛けに出向くということもさかんに行われた。願掛けは、罹病《りびょう》の時だけでなく、むしろ普段の参詣で無病息災などを前もって祈願した。どんな病気にどこの寺社がよいかを案内した「重宝記《ちょうほうき》」の類が刊行されていた。平左衛門の日記では、身体の不調を訴える記事や服薬については書いているが、願掛け的な記事は見られない。一八世紀前半には、定期的な薬の服用という治療法が受け入れられていることがわかる。

ほとんど末期のような時間の中ではあったけれども、気分の良い時もあれば、苦しい時間もある。平左衛門自身も、平常にもどったような気分で外出したりするが、すぐぶりかえすという状態である。二月一〇日には、朝から、「喉・胸辺り」が苦しい容態の中で、

死期近カルベキノ旨、知覚。

と死を感じ取る一文を書いた。この感情にも何度も襲われる。そのことが、本当の死を受け入れる気持ちをも、しだいに用意させる。しかし、死は当人だけが覚悟すればよいというものではない。後に残る者とも、良好な関係を用意しておかなくてはならない。

文書で残す遺言

平左衛門は、遺言を口でも伝え、筆紙でも書き残した。「一紙ニ書いて、箱の中に置き入れ」と、ついに「書置《かきおき》」の遺言を用意した。ただし、病状は一直線には進まなかった。その翌一一日は少し楽になり、「奈良茶四椀《よんわん》」を飲むことができた。そして、二月二六日には羽織袴で参詣に出かけることができた。しかし、

帰宅後、労倦《ろうけん》、止まざるゆえ、睡《ねむ》るといえども労《つか》れなお止まず。これ老躬《ろうきゆう》の病後は、定理の事なり。

とあきらめの心境になった。翌二七日は、朝食が摂れない。喘息《ぜんそく》は起こっていないが、起こりそうな気分が続く。「発すれば必ず死ぬ覚悟なり」と思いきわめて、半月ほど前に用意した「書置」を、書棚の文庫に入れた。しかし、その遺言書を、「開帳のうち存命のところのみなり」と記しているのは、できれば臨終にせよ生きている間に読み聞かせるか、読み上げさせたいという意味であろう。今の平左衛門にとっては、家族への「書置」のほかは、自分の「死期」だけが考えることで、家族に言い残すことも、先月の二七日に辰行に申し置いたことですべてだと言う。平左衛門は、臨終までに自分の病状を家族以外に知られることを避けたかったらしく、

危急の事ありと雖《いえど》も、隠密せしめ、絶命の後、田原へ申し通すべきなり。この事、看病衆中に頼《たのみいる》入なり。

と念押ししている。おそらく見舞いがあれば、落ちぶれた無足人の情けない様を知られることになるという、恥じる気持ちによるものだったのだろう。この頃に平左衛門は、これまで世話になった法隆寺子院の諸方に、死後の感謝を頼んだ。

法印の懇志、忘れがたく、そのほか院内の上下の懇志、満悦の旨、没後申給うべきなり。

平左衛門は、法隆寺中院に長期にわたって滞留していたが、時には自分の母方の縁者で

ある伊賀上野の津藩士梅原家に滞在することもあった。こうした親戚同士の扶助は、上下の身分で広く見られるものであった。

死期の近づいた平左衛門は、逃げることなく正面を向いて受け止め続ける。けっして勇敢にというのではなく、不全化する身体機能・臆病さ・怖さの気持ちなど、生起する心理を率直に見詰めて、それを書き留めたということである。この意味では主体性が強いが、超脱ではない。痛みも怖さも人並みに感じつつ、耐えているのである。

三月二二日、庭の小草を引いたくらいで、倦労《けんろう》耐え難くして、平伏す。というほどに弱ってしまう。

二四日、労倦、増長せしむるの儀、老躰の定理なり。

と死への覚悟がいよいよ深まる。「老躰の定理」という受け止め方は、人類のごく初期を除けば、全時代を貫く様相であろうが、一生のうち、その期に及ぶまで忘れているのも、全時代を貫く様相であろう。

四月になる。九日、「昨夜、痰、強く出て、寝臥《しんが》安まらず。今朝、又常のごとくなり」と、眠れないような痛みと平静を繰り返す。五月に入って一〇日。僅《わず》かな用事を足しただけで、平左衛門の体に大いにひびく。「納戸《なんど》の諸道具改め置く。庭の小草、掃除せしむ。二事未《いま》だの後、労倦ゆえ」に、まだ明かりが必要でない時刻に、「平伏」してしまった。

「平伏」は文字通り、平に倒れ臥す、あるいは寝込むという意味である。ここでも「老躰の労、定めなり」と歎《なげ》いている。こうした確認のくり返しこそが、死への準備であった。

五月一二日。それでも平左衛門は、まったく寝たきりにはならない。そういう状態になることを拒んでいると言うべきかもしれない。この日、庭の花壇に向かう飛び石を置き直したり、小石を蒔いたり、もらった寒菊の世話をしたり、いろいろとやったため、弱った足がことさらに疲れ、「平臥《へいが》」してしまった。「平伏」と同義である。一五日には、

昼寝して軽率ニ起き立つ之時、右脇の皮膚痛し。又胸の皮膚ニ移る。いよいよ痛キコト堪えがたきの処、息絶えしむるを欲す。

息がとまったほうが楽だというほどの、すさまじい苦痛を経験する。この時は、医者が呼ばれて、灸《きゅう》を据えたり痛み止めを施した。そうしたことも、平左衛門は記録し続ける。

五月一六日の夜中から痰が出て、「胸苦シキコト初発ニ劣らず」というつらさだったが、これはしばらくしておさまった。一七日の朝には、快い気分になった。予測がつかず、苦しんだり持ち直したりの日夜が続く。

これは一九日も同じだが、薬がしだいに増えていく。二〇日には、「都合六十六貼《ちょう》」となる。「貼」は薬の単位だが、どれくらいの量なのか。膏薬《こうやく》のような、貼り付けることから出た用語であろうか。それでも、平左衛門は、五月二五日、借りていた書籍を返しに出

かけた。だが、

往還共道路つかれ、家に帰りて平臥す。老病之故によるなり。

と、帰宅してぐったりと寝込んでしまう。またもや「老病」を思い知るのである。強い薬がなく、延命法にも限界がある状況下では、意識が明確なまま、痛みや疲れをそのまま体感していくのが近世人の死に向かう日々であり、かつ、痛みの合間に筆を執るというのも、近世的な死への向き合い方なのである。二六日には、薬は七二包に増えてきた。

服薬の功罪

六月一日。その前日の診脈で、胸のつかえや脚の弱りは灸のせいだということになり、容態しだいでは服薬をやめることになった。六月一三日。胸のつかえで夜明け前から苦しんだが、やがておさまり、朝食を半分摂った。医者が来てくれたが、別状無しという見立てである。ただし薬数は七六包になった。六月一七日には、

胸のつかえ、足の労倦、難儀、言語に絶すること、日に増長を遂げしめ、本復にかえらず。死期、近日たるべきなり。

と、思いは死期にとらわれる。一八日も、つかえで明け方から「食わず。胸苦しさ夥し」という状態のため、医者を呼び、薬と針で手当をしてもらう。平左衛門は、悪あがきもしないが、座して死を待つ、というほどに生死を達観しているのでもない。そしてこの間、平左衛門が自分だけでなく知音《ちいん》や公儀老中の病気や死去についても、知り得たことを記録

し続ける好奇心を失わないのは驚嘆すべきことと言わねばならない。

七月に入り、平左衛門は、寄留先からついに自家に引き取られた。日記の一日には、
　予、家に帰るため、迎え人、田原より清九郎、助九郎・文三（上二人倉脇）、又六（吉田家下人）、南田原百姓、西南院に来る。

とあり、かなりな人数に迎えられて帰郷した。自宅での、最後の闘病が始まった。七月一六日は、昨夜からの強いつかえのために、正月の初発の時のように苦しんだ。食は摂れるが味が「半減」した。この日、知友の葬送を知ったが、平左衛門は送ることができなかった。長年の交際がある関係だったので、「棺拝」して落涙し、周囲の目に恥ずかしい思いであった。一八日には、「予、昨夜より、つかえ再発、今日いよいよ苦し」という状態になり、薬を調合してもらった。平左衛門は、二〇年来、秋初めは下痢になることが続いてきたが、この頃には一夜のうちに、三四度も催して「労倦甚」という状態になる。

一九日には、七月なのに「朝冷甚」と、寒暑の感覚が働かなくなってきた。病身ゆえ「綿入れ」を着ているが、それでも冬のように寒い。そして、昨日のつかえの「余波」で朝から疲れが強く、箒を持つことさえ苦しい。「水瀉《すいしゃ》とつかえの両方で、時々物を言うのも疲れが増す。激しく飛び散る水瀉になる」。現代の病気としては、どういう病症なのか。激しい下痢に悩まされている。七月二〇日には、

つかえ、一六日から日々にひどくなる。定めて八九月の内、必死たるべき覚悟なり。
　兼ねての用意に近付くのみ。

と、覚悟を進めた。「兼ねての用意」とは、遠行のことであろうか。「昨夜、腹中水瀉四五度ゆえ労れ夥し」。これが、死の一ヵ月ほど前の病状である。七月二一日には、書物の返済について、

　此書、内々、所望により、死後の記念としてこれを譲る。他見は堅く禁ず。死期の事、申入れおくなり。

と指示している。すでに死後の始末に気持ちが大きく傾いていく。二二日、「つかえいよいよ募り、腹瀉平《へい》せず、喫飯《きつぱん》減ず。労倦増長せしむ。後なお起居を安んぜず。寝床にあるなり」と、もはや寝たきりの状態となる。

風雅へのこだわり

それでも平左衛門には、風雅への気持ちが生きている。「来仲秋《ちゅうしゅう》の明月、晩秋の菊」を見たいが残念だ。だが八〇の身にして歎くことではない。大悦して死を迎えるべきだが、老後の想い出は、この一事のみである。風雅だけではない。ここまで進んでも、平左衛門はまだ、盗賊事件などに関心を持ち、日記に記録している。だが七月二三日には、

　今度、両度、腹瀉ゆえ、その労《つかれ》甚え難し。行歩《ぎょうぶ》、難儀せしめ倦《う》む。

という状態になる。堪えているだけではなく、そのたびに薬を相談しては調合してもらう。そして薬の包数を、毎回記録している。二四日には、

つかえ募る。腹瀉等いよいよ癒えざる故、労役長シテ、起居動静共苦しくて手足無きがごとく、平臥也。

このように死に向かう症状の一部始終をなぜ書かなければならないのか、訝《いぶか》しくなるほどに平左衛門は書き続ける。七月二六日、腹瀉が楽になったと思われたが、「戌《いぬ》時（午後八～一〇時）より又悪く、曙より今朝に至りて別して悪し」。そこで、調薬を頼んだ。二九日には、

昨夜つかえ大発せしめ、寝臥安からず。

と書いて、平左衛門は「生冷《なまびえ》の菜《さい》」を食べたからだろうかと原因を考える。しかし、「労役（疲れ）毎日増長。その所以《ゆえん》（原因）を知らず」というのが実際のところであり、本当の気持ちである。八月に入った。二日には、

その苦は昨日に倍す。この如くならば則、死日近きにあるなり。

三日は「寅時」（午前四時頃）、「飢渇《きかつ》」感のため、たいへんな苦しみで、調薬を頼んだ。四日には、寒気がして炬燵《こたつ》を入れる。しかし逆に今度はこの火気にのぼせて、つかえが発ってしまう。額・顔に、昨日から「浮腫《ふしゅ》せしむ。これ必死の病明らか。所願之幸也」。一方

では死を覚悟し、「所願之幸」として受け入れながら、平左衛門はなお、節黒《ふしぐろ》（ナデシコ科）・白桔梗《ききょう》・仙翁華《せんのうげ》（ナデシコ科）などの季節の花を、床内で活けては翫《もてあそ》ぶ。「須臾《しゆゆ》之《の》慰《なぐさみ》、生涯の楽しみなり」と此岸の風雅を忘れないのである。ここでの「生涯」という言葉は、本来の字義どおりである。

八月五日。この月の一日から経験した「積衆（積聚）」の意味はわからないが、連続して起こったりするもので、五日は「強昇」の状態になったために、「食物減じ平生の四分の一也。夜、飢渇、難儀せしむ」というほどになった。日頃を超える気分の悪さなので、「針立《はりたて》」（針療治）をしてもらうため、人を雇い入れた。雇われたのは南田原北の源八の母親で、これを籠で迎えて「針立」を頼むことになった。この送迎には他に何人もの人手がかかり、「酒肴」の用意までしたが、病気は「勝劣」なしであった。

七日は、朝から右の顔に「浮腫」ができ、次第に「悪相」ぶりが顕わになった、と平左衛門は書いている。顔に異様な出来物が増えてきたのである。八日は寝付かれず、「つかえ」が夥しい。九日は「つかえ」が増し、朝食が半減。この日、平左衛門はこれまでになかったことだが、初めて「『日記』ニ倦《う》ム」と日記に書いた。おそらく記録する作業が苦しくなってきたのであろう。

一〇日、夜中の亥《い》の刻（一〇～一二時頃）から苦しく、眠れなくなった。翌朝、そのために疲れて、手足を動かそうとしても動かない。それでも、この日の夜、沓掛村で「歌舞伎」が行われたことを日記に書いている。一一日。

　苦《く》日々ます。然《しか》りといえども、日中快く寝る。今生《こんじょう》の楽しみなり。

一三日は、気分は変わらないが、「ただ辛労、喘《あえぎ》ありて、死日近日のみ」と覚《さと》る。

最期の暇乞い

　一四日は、いよいよ死の準備となる。「常念惣」（僧名か）が、「胡桃《くるみ》餅」の重箱を贈ってくれた。甘い物は好きだ。「末期の出で立ちに賞翫《しょうがん》したい」。「滝」を呼んで「今生《こんじょう》の暇乞《いとま》い」をし、形見として印籠・巾着《きんちゃく》一組と「東山殿所持の菊の一つを与える」。平左衛門はこんな今際に臨んでも、この日が「仲秋月」であることを想い、「別して清明」だが、病苦のために見ることができず、「空しく寝るなり」と残念な気持ちを書き留めているのである。一七日にも、何人かに暇乞いをし、一八日には、

　余、気色いよいよ悪く、両足、昨日より働かず、

という容態になった。八月二三日には、姪や甥も泊まりがけで来訪し、最期を惜しむ暇乞いをし、以後、親族の別れの見舞いが続く。八月二四日になると、知人の娘の縁組みを心配しながら、「予、大小便の用意に雨戸の板敷きを切明け」という有様になった。部屋の中での粗相を避けるために、体の通過できる分だけ雨戸を切りあけたというのである。

最後の記事は、八月二六日である。この日、柿や素麺《そうめん》を持った見舞い客があった。そして、編集を頼まれていた大僧正隆光の系図の草案を完成させ、和歌一首を添えた。隆光は将軍徳川綱吉《つなよし》の母で桂昌院の護持僧であったが、出身は大和であった。よりよい系図の編集を依頼したのであろう。

代々《よよ》かけて取り伝え見よあさからぬ河辺の水の流れ絶えせで。

と詠み、「遺ス」と付記した。これは自分が編集した系図の信用を詠ったものだが、自らの生命の語り伝えられることも、同時に念じた辞世のつもりもあったのではないか。平左衛門はこれより二〇日後、享保五年（一七二〇）九月一七日に死去している。

遺訓・家訓にみる江戸時代

遺訓の政治文化

『東照宮御遺訓（書）』出現の必然性

遺訓は、神格化された君主像と結びつくと、いよいよ威光が増すことを徳川家康《とくがわいえやす》の場合が示している。「東照宮《とうしょうぐう》」「神君」「神祖」「権現様《ごんげんさま》」の神称は、曖昧な恩頼感を強める効果があった。そして結果的に、徳川将軍家・将軍支配体制の威信の維持に大きく寄与した。

東アジアの政治文化では、天子さえ神ではなく神の子として威光を耀かせたのだが、周辺王朝の近世日本では、独自な威光が作り出された。それは、儒教核《かく》政治文化ではあっても、仏教・神道の発想を国家威信に組みこむ個性からくると考えられる。「天下人《てんかびと》」の俗称は広まっていたが、「天」につながる超越観念は、最上位だが、絶対性はなかった。また近世には、人（死者）を神に祀ることが盛んになった。家康は、そういう「人神《ひとがみ》」

信仰の時代を生きた。家康は、死を覚悟して、自分の遺体は久能山《くのうざん》へ、葬儀は増上寺《ぞうじょうじ》で、位牌は三河大樹寺《みかわだいじゅじ》にと命じ、さらに一周忌後、神体《しんたい》（遺体）を日光山に勧請《かんじょう》（改葬）せよ、そこで関八州《かんはっしゅう》の鎮守になると遺言した。関八州とは、直轄領、御三家・親藩《しんぱん》領、譜代大名・直臣《じきしん》旗本領などが集中する、徳川氏の直《じき》支配の最も濃厚な地帯である。死が迫った日、家康は、神道による神格化の儀式の階梯の一つとして、佩刀《はいとう》での試し切りを命じた。家康は神に成る手順について、神道家で僧侶（吉田家菩提寺神龍院《しんりゅういん》）の梵舜《ぼんしゅん》に回答させた。また久能山の墓所の神像を、西国鎮護のために西に向けて安置するよう命じたとされる。

梵舜は、豊臣秀吉《とよとみひでよし》の神格化にも働いて、豊国社《とよくに》の神宮寺《じんぐうじ》社僧になり、家康に伊勢神宮、大嘗祭《だいじょうさい》など神道を講義した。神号や神位（秀吉は正一位《しょういちい》豊国《とよくに》大明神）は朝廷が神号宣命《せんみょう》使《し》を派遣して贈ったが、勅許でも地上の力関係で変動する。家康は大坂の陣後、社領地を没収して秀吉の神号を除いた。神体も神宮寺も移し、豊国社は近世を通じ中絶した。

元和二年（一六一六）四月一七日に死去した家康の遺体は、即日久能山に移され、二日後、梵舜の教導で、吉田神道《よしだしんとう》（唯一《ゆいいつ》神道）の祭儀が行われた。吉田神道では、家康は「明神」になるはずであった。家康の枕頭で遺言を聞いた三人のうち、崇伝《すうでん》と本多正純《ほんだまさずみ》は明神号の意見だったが、天台宗僧侶の天海《てんかい》が、「権現」として祀れとの遺言であったと言い張った。天海の主張が通り、天台宗の教義による「山王一実神道《さんのういちじつ》」という「仏教神道」の祭儀で日光山に改葬された。改葬に先立って、家康に正一位と「東照大権現」の神階神号が勅許された。権現は仮の姿で、家康の本地仏である薬師如来のはからいで東照という神の姿で現れたとする本地垂迹論《ほんじすいじゃくろん》の神仏習合思想に立つものであった。なお家康は増上寺では、「安国殿《あんこくでん》」に法号を持って葬られており、この点でも神仏両世界にまたがっている。

家康の霊廟は最初は「東照社」だったが、三代将軍家光《いえみつ》が神君として荘厳化することを進め、宮号の勅許を得て「東照宮」になった。東照宮は、江戸城本丸・紅葉山《もみじやま》、増上寺、浅草寺、寛永寺《かんえいじ》ほか私営のものもあり、大名家の勧請ほか全国では数百社に及ぶ。「正徳の治」の新井白石は、「神祖の御時」「神祖の御功徳」を掲げて政策の説得力に活用し、八代将軍吉宗《よしむね》も、「諸事権現様定めの通り」と述べて享保《きょうほう》の改革を開始したと言われる。

百姓・町人も神君の功業を讃えた。元禄時代の百姓壺井五兵衛（河内屋可正《かわちやかしょう》）は、戦国時代の乱世は「悪政道の時代」であり、江戸時代こそが「目出度御代《めでたきみよ》」であった。「東照権現様、御一生の間御苦労を被遊て世を乱ス悪敵をことごとく亡し給ひ、天下静謐《せいひつ》に治めさせ給ひて、八嶋の外迄道明らかに、仁義をたゞしく御慈悲深くましませば、日本六十余州の輩《ともがら》、御仁政に随ひ奉り安穏快楽に世を渡る事、偏《ひとえ》に権現様の武徳によれり」と書き残し、同時代の意義を説いている〔深谷　二〇〇三〕。

一七世紀前半には、遺訓の形を取る家康の政道論が現れる。本来は『御遺訓』だが、

『東照宮御遺訓（書）』『井上主計頭《かずえのかみ》聞書』『安国記』ほか異称も多い。これと『本左禄《ほんさろく》』の両書は、『太平記評判理尽抄《りじんしょう》』の影響下に作成されたという推定もある〔若尾　一九九九・二〇〇二〕。成立事情は、家康最晩年の元和初年（一六一五、六）、駿府《すんぷ》の家康のもとに、徳川秀忠が問い合わせたいことがあって、近侍の井上正就《いのうえまさなり》を遣わした。家康は使者を数日帰さず、毎日召し出して「天下の御政道、御教訓」を聴聞させた。全国支配を行う将軍秀忠に伝えさせるためである。正就は、江戸へ帰り委細を秀忠に言上した。

後に復命したすべてを、ある人（松永道斎）に語ったのが、聞書として記録されたとされる。本編は家康の直話、附録には没後の話もふくまれる。全編に、儒教核政治文化の世界観・政治観・人間観が浮き出ている。記述内容の真否については、家康が秀忠夫人に送った訓誡状《くんかいじょう》や言行録とも一致するところがあり、家康言行録の草稿を、貝原益軒《かいばらえきけん》ら儒者《じゅしゃ》が伝本の形に編成したと推定されている。幕府・御三家・諸大名の間に広まり、類本は、一九〇種ほどが知られている。

近世では、家康の偉大さが『御遺訓書』に仕上げられることが大事なのである。家康には、その功業を背景にした、いく種もの訓話があるが、なかでも北関東中心に民間に普及したものとして、「人の一生は重き荷を負うて遠き路を行くが如し（下略）」がある。これは、徳川光圀《みつくに》作とされる教訓文を、幕末に民間に流布させたものと言われている。

神君の威光が浸透すると、公儀に対する批判にさえ神君を借りた言説が現れる。天保八年（一八三七）、大塩平八郎《おおしおへいはちろう》は小前《こまえ》百姓にまで呼びかけた「檄文《げきぶん》」で、「東照神君」の「仁《じん》政《せい》」を挙げ、眼前の公儀の無責任さを批判している。公儀に対する不信感が社会の全域に広がり始めていたが、その批判に、近世公儀の創始者というべき東照神君の仁政記憶――記憶の創造――が使われた。

取り消された将軍「御遺誡」

遺訓にこのような政治文化的な威力があるとすれば、その扱いは慎重でなければならない。遺訓に偽作性が混じるとしても、人を詐術にかけようとする悪感情が働いたとは言えない。待望の気持ちが強ければ、事実も意義づけも重心が偏って、認識も傾いてしまうのである。だから、遺訓の価値を持たない実話も放置はできないのであり、関係者は取り消すために真剣に苦心した。

将軍の遺命取り消しに周囲が苦心した格好の事例が、五代将軍綱吉《つなよし》が執着した「生類《しょうるい》憐《あわれ》みの令」である。この間の事情を、新井白石《あらいはくせき》の回想録『折《おり》たく柴《しば》の記《き》』（岩波文庫）でうかがおう。宝永六年（一七〇九）正月一〇日、綱吉が六四歳で死去した。七日間の普《ふ》請《しん》・鳴物停止《なりものちょうじ》が明け、一九日、武家諸法度《ぶけしょはっと》改編の指示があったと聞き、白石は、家康最晩年の元和元年（一六一五）に出された武家諸法度の「神祖法意解」を献上した。この書はその後不明だが、書名にすでに神君の威力が滲み出ている。

綱吉の「御葬送」は、一七日からの雨続きで延び延びになっていたが、二二日にようやく挙行された。その事情について、白石は「ある人」から聞いたこととして、「真実は雨ふりつづきし故にはあらず。其故ありし事也」と述べて、次のように書いている。

いづれの比にかありけむ。儲副《ちよふく》（家宣）の参らせ給ひしに、少将吉保《よしやす》（柳沢吉保）、右京大夫輝定《てるさだ》（松平輝貞。綱吉側用人）、伊賀守忠栄（忠周。綱吉側用人）、豊前守直重（黒田直重。綱吉小姓）の朝臣をはじめて、近習の人々をめされて、我、此年比《としごろ》、生類いたはりし事ども、たとひすじなき事にさぶらふとも、此事に限りては、百歳の後も、我世にありし時のごとくに御沙汰あらむこそ孝行におはすべけれ。ここに侍ふものどももよく承るべしと仰せられたり。

綱吉が、生類憐みの令を死後も永続させるために、世継ぎの家宣《いえのぶ》（綱豊から家宣と改名して宝永元年に四三歳で西の丸入り）はじめ近臣・近習の面々を同席させて、この法の永続こそが家宣の綱吉に対する「孝行」であると約束させた場面である。しかし、綱吉の葬送に当たって、家宣は、

されど、此年比、此事によりて罪買《こ》うぶれるもの、何十万といふ数をしらず。当時も御沙汰いまだ決せずして、獄中にて死したるものの屍《しかばね》を塩に漬《つけ》しも九人まであり。いまだ死せざるものまた其数多し。この禁《きん》除かれずしては、天下の憂苦やむ事あるべか

らず。されど、さほどまでに仰置《おおせおか》れし事を、御代に至て、其禁除れん事もしかるべからず。

と悩む。家宣は、自分の治世になって先代の遺命を破棄するのは宜《よろ》しくないと逡巡しているのである。家宣は、生類憐みの令が引き起こしたことを人的災禍と見ており、「この禁除かれずしては、天下の憂苦やむ事あるべからず」と考えていた。

家宣がまだ甲府藩主であった頃、領内では代官がまとめて、後年「慶安御触書《けいあんのおふれがき》」と呼ばれるようになる「百姓身持《みもち》之覚書」という農民教諭が使われていた。綱豊が、儒教的な「安民徳治」の政治思想を持っており、仏教的仁慈主義（殺生禁断）に偏した綱吉の政治姿勢に対して批判の意識を持っていたのはまちがいない。それに、侍講《じこう》は朱子学者新井白石であった。

ただいかにもして、御遺誡《ゆいかい》のごとくならむ事を思召されしかば、まづ吉保朝臣《あそん》をめして、思召しよられし所を仰下されしに、此朝臣ももとより此事よしとおもふべきにもあらず。殊には前代の御覚こそ他にことなれ、此後の事はかりがたしと思ひしかば、「仰下さるる所、誠に御孝志の至とこそ申すべけれ」といひしによりて、「さらば輝貞をはじめて、今まで此事を奉れるものどもに、此旨を伝ふべし」と仰かうぶり、吉保其由を申す。

生類憐みの令の撤廃を、家宣は先代綱吉の「御遺誡」（遺命）の形にしたいと考え、柳沢吉保にはかった。吉保は綱吉の寵臣だったが、生類憐みの令をよしとは思っていなかったし、綱吉の思考のほうが異質であり今後どうなるかわからないと思い、家宣の撤廃案こそ「御孝志の至」と賛成した。

家宣は吉保に、綱吉の近臣・近習に家宣の考えを伝えさせ、同意を取った。そうしておいて、

廿日に御棺の前に参らせ給ひ、「はじめ仰を承りし事、我身においては、長く仰にたがふ事あるべからず。天下人民の事に至ては存ずる所候によりて、御許しを買《こ》うぶるべきに候」と申させ給ひ、むかしかの仰承りし人々を御棺の前にめし出されて、ありし御事ども仰下され、そののち此禁除かるる由をば仰下されたる也。いまだ御葬送之儀も行はれざるほどなれば、世には御遺誡の事とおもひたる也。

と、家宣は、生類憐みの令を綱吉の周囲で担いできた面々を「御棺」の前に集め、「天下人民の事に至りては、存ずる所候」と、この令の撤廃の許しを先代に求めた。葬送の前であったため、「世には御遺誡の事とおもひたる也」と、おそらく綱吉を見直したものと思われる。これに続いて、公儀「生類方」の役職が廃され、飼養されていた鳶《とび》・鴉《からす》などが放され、中野の犬小屋が壊された。

吉宗政権が始めた法令編纂の最初である『御触書寛保集成』には、生類憐みの令は、病牛馬を生きたまま捨てることの禁止、猟師以外の鉄砲使用の禁止、捨子《すてご》の禁止など、一般的な生活感覚で受け入れられるものを除くと、綱吉一代に連年のように出された六〇にも及ぶ動物愛護令は収録されなかった。

後年の『徳川実紀《とくがわじつき》』は、「常憲院《じょうけんいん》御実紀巻五十九」の末尾で、「御英邁《えいまい》のあまり、晩節にはますます高遠の虚理《きょり》に御心をよせられ」と苦しい叙述でまとめている。

「太祖遺訓」の政治志向

伊勢国津藩主藤堂高虎《とうどうたかとら》は、戦国武将から近世的治者に変わろうと努力し、長寿も幸いしてその方向への変化が確認できる大名である。高虎は武将の戦歴だけでなく、新しい支配思想を身につけようとしたことによって、崇敬の対象になった。

寛永二年（一六二五）、七〇歳の高虎は、世子高次《せいしたかつぐ》に「条々」一九ヵ条（『宗国史遺書録《そうこくしいしょろく》』）を与えた。高次は、高虎四四歳の時に生まれた実子で、二〇代半ばの若さであった。したがって「条々」は生前の教諭で、遺書ではないが、やがて「太祖遺訓」と呼ばれるようになり、津藩政に影響を与え続けた。

一、公儀に対する「御奉公」に油断なき事。

一、「孝行之道」を忘却あるまじき事。

一、「出頭衆《しゅっとうしゅう》」へ切々中通すべき事。
一、「弓鉄砲馬以下、家職《かしょく》の道」忘れぬ事。
一、「身の分限《ぶんげん》」程に万事、沙汰すべき事。
一、遊山《ゆさん》を好まず「御奉公」を油断せぬ事。
一、「振舞《ふるまい》」（接待）に応じても、長酒は無用の事。
一、「御尋」に応じ「虚病」を構えない事。
一、「孔子之道」を心がけ、「日本記」では「吾妻鑑《あずまかがみ》・式条《しきじょう》」などを聴講する事。
一、良き人は真似し、悪き者は真似ない事。
一、「御国《おくに》を預」るからは油断すまじき事。
一、よき友の異見《いけん》を入れ、悪友は愛さぬ事。
一、家中《かちゅう》の忠を見ぬき、御奉公に勧める事。
一、家中には情けをかけ、憐愍《れんみん》を加える事。
一、算勘《さんかん》を担う家中も、大事に召し仕う事。
一、「算用の道」を知るよう留意すべき事。
一、「問罪之軽重」は怨みなきよう行う事。
一、親の辛労を聞き、早く起き早く寝る事。

一、「仁義礼智信」のどれも欠かさない事。
右の条々を心掛け「文武《ぶんぶ》両道《りょうどう》之《の》嗜《たしなみ》専一《せんいつ》」にし、合戦の経験を聞く事。長上《ちょうじょう》を敬愛し自分本位にならない事。囲碁・茶湯・歌舞・能楽はほどほどに嗜み偏執せず、公儀への「御奉公」にさわりのないよう気をつける事。

高虎の訓戒では、軍役・合戦への心がけももちろん説かれる。同時に政事の指令者としての大名のあり方が説かれ、儒教の「仁」を強調する「孔子之道」とともに、日本の歴史に即して、鎌倉時代の政治事績を表す『吾妻鏡』や当時の基本法典である「御成敗式目《ごせいばいしきもく》」を学ぶことが奨められる。中世武家の世界の「道理」という独自な正邪観が指摘されてきているが、「御成敗式目」にはかなりな濃度で「仁政」への責務論が入り込んでいる。

将軍から国を預かるという認識を土台にして公儀への奉公を説くのは、近世初期の大名がしだいに体得していく儒教核政治文化の治者の側での心構えであり、好学の初期明君とされる岡山藩主池田光政《いけだみつまさ》も同様の言説を残している。高虎はそれよりも早く立論している。儒教政治思想の「聴講」を経験していたのであろう。津藩政では、高虎以後も、この立場からの藩是《はんぜ》が文言化される。異見と教諭を重視するのも近世大名のあり方であり、将軍・幕閣要路者への忠誠と昵懇《じっこん》の関係を奨めるのも、これ以後の津藩主が一貫して重視する政治姿勢となる。将軍を戴く上位国家である公儀への「御奉公」を誓いながら、大名として家中の奉公・忠を要請していくのは、藩が大名を主権者とする下位国家としての自立性を維持する近世国家のあり方を示す。

津藩二代藩主高次は、寛永七年(一六三〇)から寛文九年(一六六九)まで三九年間も藩主の座にあった。「小百姓《こびやくしよう》」を支配の視野に入れる民政思想が顕著に現れるのが、この時代である。すでに藩財政に町人からの借金が組み込まれ始め、家臣の禄米《ろくまい》差出しを命じるようにもなり、同時に領内の飢渇を防ぐための領民御救いが実施されるようになる。高次には、文物収集の浪費癖という評判も残っているが、後継者の三代藩主高久や支藩《しはん》の初代久居《ひさい》藩主高通《たかみち》に対して教戒を残したことも知られている。上級の家臣にも訓戒を与えている。「なぐさみ書之覚」一九ヵ条(年欠七月吉日、「遺書録」)は高久・高通への教訓である。大まかに事柄だけ挙げてみる。

「御奉公」「約束事」「主従関係」「新規仕置《しおき》」「我身正路《せいろ》」「臣下の聞き方」「臣下に慈悲」「普請」「吝《しわ》き事」「傍輩《ほうばい》・臣下の見分け」「芸で数寄《すき》上手の名は無用」「気随不可」「勝負事不可」「処罰は日をおいて再判断」「臣下の忠不忠」「良い人の真似」「悪く言われない心がけ」「親の真似は不可」「依怙《えこ》は不可」。

高次の教諭は、無事の世の法度支配を前提にしている。「条々」一六ヵ条は高久・高通に与えたものだが、日に三度省みる。喧嘩手柄の者は抱えない。人の死を朝夕思えば欲心がなくなる。人の身上を羨《うらや》んだり誹《のの》ったりしない。一つの道に心をとらわれると身を滅ぼす、というような訓戒に続き、ひたすら主君のためにと年貢徴収に励むのは「民百性（姓）の痛みを知らざるなり」と政治の核心を教えている。高久に宛てた「可召仕者心得《めしつかうべきもののこころえ》」一〇ヵ条の教訓では、慈悲の心第一。依怙《えこ》・偽のない遠慮（思慮深さ）。無欲で不変の心。気に入る者でも近づけて談合厳禁。仕置に背く者は惜しい人材でも罪科。忠不忠の見分けが大事。心映えを見抜く。饒舌は大悪。遠き者の善悪を知ることが肝要、などであるが、高次がここで教えているのは、家臣と昵懇になりすぎず、気に入った家臣でも法度を犯せば処罰しなければならないという、大名の決断である。高次は、重臣・近臣にも、「遠慮」を核にさまざまな角度から教戒したり、がまん・おごり・よく・えこ・ゆだん・ひいきなどを取りあげて説いたりしている。

これらを見ると、政治の公平さ、信頼感と節度のある主従関係、領民の痛みを理解する仕置（政策）などを、繰り返して後継者や家臣に説こうとしていることが知られる。それは、個人の出来不出来ではなく、この時期の政治文化の水準を反映したものである。こうしたあり方を大名として表現できなければ、藩世界を持続させることはできなかっただろうということである〔深谷　二〇〇二〕。

真の大名家をめざす遺訓

田沼意次《たぬまおきつぐ》は、「将軍昵近《じっきん》の江戸城政治家」であり続けて大名に取立てられた〔深谷　二〇一〇〕。第七代将軍家重が西の丸で世子の時に小姓となり、将軍になると本丸勤仕《きんじ》になり、家重から「まとうどのもの」〔正直者〕と信頼された。

意次が大名に昇進したのは、宝暦八年（一七五八）、四〇歳の時である。周囲からは、「発明の者」〔藤田　二〇〇七〕と評された。大名は、二万石以上になると築城が許される。意次が遠江《とおとうみ》国相良《さがら》に築城を許され、城主になったのは、明和四年（一七六七）である。一二年かかって築いた相良城完工を記念して意次が「初入城」したのは、安永九年（一七八〇）のことで、すでに六一歳であった。しかし、この行事のために江戸を離れたのはわずか二〇日間余りで、現地の相良滞在は、さらに短い一〇日間余りであった。この間にも、跡継ぎの田沼意知《おきとも》は将軍家治《いえはる》の御座の間まで進んで拝謁するとい

図３　田沼意次像（勝林寺所蔵）

う栄誉を得た。

　鯉の滝上りのように江戸城の中で立身し、六万石に近い譜代大名になった田沼意次は、最晩年に、いきなり階段の最上段から突き落とされるように失権した。跡継ぎの意知（意次嫡男、若年寄）を、江戸城内の刃傷《にんじょう》（新番士佐野善左衛門政言襲撃）がもとで失った意次は、孫の意明《おきあき》（意知長男）に田沼家の前途を託し、遺訓を与えた。以後の田沼家で「遺言」と呼ばれる未完の文書、すなわち草稿状態の「内密案」である。

　意次は遺訓を草する前に、家中に対しても教諭を行ったが、その中で、田沼家は大名家にふさわしい「規矩《きく》」や「家法」を欠落していると告白している。意次の遺訓は、江戸城政治で失敗した意次が、田沼家を初めて真の大名家に育成していくための計画書だったとも言える。案文の形で残された、「遺訓」七ヵ条（『相良町史資料篇近世1』）には前書きと後書きがついているが、ここでは前書きについて論評し、他は簡略にしたり、大概を見るだけにとどめる。

　人情之正道《せいどう》成所者は、相知候儀ニ候得共、善悪之人有之者は、用《もちいる》と不用《もちいざる》とに有之。我侭より発り候事ニ候。尤其教、大体不知者も無之候得とも、学問厚き面々ニ茂《も》、彼教者、別之事之様ニ学問と名附除置、芸之様ニ致し、今日之行は、我侭次第ニ通行《とおりおこなう》者多有之候。勿論、教方悪敷ニは無之、学ブ者、能可被心得候。依之、先ヅ早く、無《む》道《どう》無之ため、左之七ケ条、違なきやう二と認《したため》之候。

この前書きには儒家的な考え方、それを受け入れる意次の政治思想などの骨格がいかんなく反映している。

人間の性情が本来まっとうなものだということは、誰でも知っていることなのに、世の中には善人だけでなく悪人もいる。これは、人の本性を当人が活かすか活かさないかの違いによる。その本性の活用を妨げているのは、我侭である。教えの大概を知らない者はいないが、学問を修めた者の中にも、教えは学問上のことだと生活から切り離し、専門の芸のように使い、日々の行いは我侭にまかせている者が多い。これは教えが悪いのではない。学ぶ者が心得るべきことである。だから先ず、その方が無道に落ちないように、以下の七ヵ条に認めておく。

意次が身につけていた近世大名の平均的な政治文化の一番の基礎は、儒教の「性善説」的な人間観である。儒教は性善説に立つことで、多くの人を魅了する感情や行為の物語を生み出して伝えてきているが、その反面、世の中に次々と生まれる「悪人」を説明することがたいへん難しい。本来「正道」なはずの人間の中に、なぜ「無道」な者が現れるかを説明しなければならない。意次は、「我侭」（我意）が人の善なる本性を曇らせる結果と見る。それを克服するためには、ふだんに自己修正、自己陶冶を重ねなければならない。性善説に立つ修己《しゅうこ》、学び続けるという教養主義が、儒教政治文化の裏打ちである。意次が諭した具体的な七ヵ条については、簡略に紹介する。

一　第一は御忠節。当家は「両御代」（家重・家治）の御厚恩を忘却しない。
一　孝行は勿論。親族をおろそかにしない。
一　附き合いの衆には表裏なく、「軽き者」でも、かわらぬ人情で接する。
一　家来は主命第一に勤めるものだから憐愍を加へる。無罰ではなく依怙贔屓《ひいき》をしない。
一　武芸は武芸者に見させ藩主も見物して励ませる。遊芸は余力があればたしなむ。
一　権門の衆へは疎意《そい》なく、公辺に関する事は「軽き事」でも念入りに対処する。
一　どの大名家でも財政難では公儀御用が勤めがたい。財政について別紙を書く。

以上の条々を守り、日夜違失《いしつ》なきように。人並と変わった「そげもの」（削者、変わり者）の類にならぬよう慎むように。「人情の正道」を考え、心配りしていくように。

第七条に添える「別紙」の要点は、
一年の収納はこれほどと見積もっても、年により不作で収納が減じることがある。支出の見積りも、吉凶の出費、不時の入用で臨時の大出費などがあり、予想外の支出増が絶えない。借金していれば、たとえ千両入っても、利足に十分の一を払うこととなり、翌年から収入百両分が減じたのと同じで、大借金になって手の打ちようがなくなる。日頃から気遣いし、奢りをなくして倹約に努め、収支が悪くなれば役人に取直しの算段を申し付ける。ただし、年貢を増して補うのは慎むべきことである。百姓・町人に無慈悲なことをすれば「家」の害になる。「正道」のやり方で万事に臨むべきである」というもので、前書きの政治姿勢を財政論でも崩していない。

後書きで、意次は遺訓の活用のしかたを指示している。以下のとおりである。

自分が認めた本紙は大切にしまっておき、「写し」を、毎年正月の内で、精進日を半日《はんにち》障《ざわ》りにし、家老・中老も一緒に小書院か居間書院か小座敷で家中の集会を持ち、書面をまわした後で読み聞かせる。これを恒例にし、末代まで聴聞《ちょうもん》の儀を行うよう申し送ること。

名君遺志の編纂

先君の遺訓・遺志が現在と未来を後押しする権威の役割をはたすという政治文化においては、周囲が遺訓・遺志を準備していくしくみも用意されるようになる。たんなる名君、先君の伝え語りではなく、形式を備えた記録の作成である。藩主の行動、言説が生前から逐一記録され、没後、特定の編纂部局で事績と遺志が、おおむねは良き方向に増幅される内容でまとめあげられていく。

秋田（久保田）藩後期の佐竹義和《さたけよしまさ》（安永四年〈一七七五〉～文化一二年〈一八一五〉。享年四〇歳）もそういう藩主で、中興の祖、名君と評された。秋田藩の後期藩政改革を検討した金森正也『藩政改革と地域社会—秋田藩の「寛政」と「天保」—』〔金森　二〇一一〕によれば、義和による編纂事業、義和についての伝記編纂は以下のようであった。

佐竹義和は、一八世紀末の寛政年間（一七八九〜一八〇一）から一九世紀初めの文化年間（一八〇四〜一八）にかけての諸政策で知られているが、なかでも「御学館《ごがっかん》」（藩校）を起点にした教学政策を通じて諸士（下士《かし》）層から「改革派官僚」と呼ぶことのできる人材を育成して、政策を実行させた。義和は、自身が文化人でもあったが、名君的藩主に多く見られるように、文化的事業を重視していた。「国典類抄《るいしょう》」の編纂事業は、その代表的な一つである。それまでも秋田藩では、藩主が没するとその事績を「御家譜」としてまとめることが行われてきていたが、義和はその範囲を超える、いわば藩史編纂を企画し、文化八年から開始した。完成は、義和の没後の文政二年（一八一九）である。

金森は、「国典類抄」の編纂事業の中で点検された古記録の冊数は、数千から万に及ぶほどであったと推定している。「国典類抄」は、内容を大きく六つの分野に分けている。たとえば江戸屋敷での能興行の際の招待者・元服・将軍御目見・参勤での音信《いんしん》贈答など、いずれについても一見で把握できるよう関連資料を編纂したのでる。金森は、その内容構成を検討して、編纂事業は「聖人の道」にのっとった治政のあり方を具象化する意義を持ったものであると指摘している。

生前の義和は、「養老」褒賞の実行を定期的に行っていたが、公儀が全国規模で調査して享和元年（一八〇一）に完成させ、刊行した『官刻《かんこく》孝義録』の編纂に応じるかたちで、秋田藩領で調査した分を『孝行記』としてまとめている。これは村々からの推薦に基づいて行われた孝行者顕彰であり、それだけ藩主と民衆の距離感を縮め、領主に対する民衆の恩頼感を強めるものとなる。こうした事業は同時に義和の「名君」化をも進める。なぜなら編纂事業を行う「学館」職員はこの藩校で育成された諸士（下士）官僚であり、領民は孝行者が自分たちの推薦で褒賞され、同時に孝行を励行され、同時に自分たちを見詰める藩主を身近に意識するからである。

義和は民情視察のための領内巡行を行い、自ら巡行の記録を残した場合もある。視察のほか、現地で孝行者を賞し、八〇歳を超えた高齢者を道ばたの筵《むしろ》に集めて褒美の物を与えたりした。農事の励精、怠惰や村の景観から直観される盛衰（家屋、道筋などの外観）などについても、気づけば同行の家臣か村の長たちに声をかけて、何事かを指示したであろう。それらの一つ一つが領主に対するイメージとなり、「名君」評判をしだいに分厚いものにしていったのである。

義和が没すると、「家譜」（「天樹院御家譜」）の編纂が行われた。義和については、特別の措置が行われた。家譜は一〇冊に及んだが、その典拠に用いられた記録類から、さらに

「御亀鑑《ごきかん》」というものが編まれた。その数量は江戸表《おもて》七九冊、秋田表三六冊に及んだ。他の藩主についても「御亀鑑」という呼び方はされたようであるが、そのすべての題箋に「御亀鑑」と明示されたものはないという。こうした推移に、義和を中興の英主とし、「祖法」としてその一代記を位置づけようとする藩世界の待望が集約されているのである。金森によれば、藩政が新たな政策展開をなすには、そのことの正当性の根拠を前藩主の「遺志」に求める。

秋田藩では、義和の没後にも、義和の路線が継承されていくうえで、伝記編纂事業もふくめた義和の「名君」化が必要だったのである。

家訓の経営文化

商家や農家も、上層の家では家訓がつくられた。遺言状・書置・由緒書・先祖書・家譜・系図などと呼び方はいろいろだが、「家の再生産」をめざす遺訓という性格は、大名家の遺訓と変わらない。家とは、家業家職の実態と、家族親族の由緒・人的ネットワークおよび保持する社会的地位の総合であり、再生産とは家の諸属性の持続である。

農家の遺言状

ただし、大名家の家訓は、「安民《あんみん》」という統治のための政治文化の育成、発露という課題を担う。主従関係なら商家にも農家にも、奉公人や雇用者との間に、あるいは親子・夫婦・兄弟姉妹などの間に、大名家に似た上下、優劣の立場がある。しかし、大名家の主従階梯《かいてい》は複雑で、町・村の二、三の役職に対して、藩政には縦横の役職組織が必要であった。

農商の家の責務は、統治ではなく経営である。商家・農家の運営にも政治性はあるが、それは政治文化というより、経営文化の中での配慮や手管《てくだ》というものである。しかし、規模の大きい上層の経営では、小農・小商人のようには無文字で技法や収支、労働力を管理することができなくなる。やがて帳簿が付けられるようになり、それに家の来歴と誇りが加われば、家訓がつくられるようになる。

農家の家訓を一つだけ見ておこう。下野《しもつけ》国（栃木県）芳賀《はが》郡山本村鯉渕家は、「由緒書」によると、常陸《ひたち》国鯉渕村城主鯉渕兵庫頭次正の後裔である。牢人したが、幕府代官に由緒を認められて、山本村名主に取り立てられた。たしかに近世初頭の東国では、由緒や草分けで名主に任じられることが、各所に見られた。鯉渕家も小領主から村役人へ転身したが、それで満足せず、武士から百姓に押し下げられたという家意識を抱き続けた。鯉渕家の一族縁者には、武士も少なくなかった。

鯉渕家も、武士になりたいという士分化《しぶんか》の願望を持ち続け、一七世紀後半に作られた「書置」には、「出家つかまつるべきか、奉公つかまつるべきか、百姓つかまつるべきか」を悩んで断食参籠《さんろう》し、好機を求めて江戸まで出向いたことを記している。「奉公」が武士になることである。また、山本村が旗本知行主稲葉家であった時期には、「鑓御免」の願書を出して「郷士《ごうし》」格式の年礼を許されたことも記している（『栃木県史史料編近世三』）。

「先祖書《せんぞがき》」は一八世紀中葉につくられたものだが、ここに至っても「土民《どみん》」として「埋もれ果てる」ことを「無念」としている。
「先祖書」から十年余りのちの一八世紀半ば、宝暦六年（一七五六）正月、古稀《こき》を迎えた「生年七十賀」の「藤原氏鯉渕嘉兵衛次儀」は、嫡子の「鯉渕繁右衛門殿」に宛てて「遺言状」を書いた。このように姓を書いたり諱《いみな》を書いたりすることは、百姓身分でも私生活では行われた。士分化の願望に苛まれる矛盾を内にかかえながらも、「遺言状」（一二ヵ条）では、村に生きる者としての心構えが押し出されている。「百姓」身分ではあるが、由緒ある上層の村役人家としての処し方を具体的に説いている〔入江　一九九六〕。

遺言状

一、御地頭様方御年貢米金、村内一同に少しも滞りなく上納致すべく候。百姓第一之勤方にこれあり候事。
一、家業之耕作に念を入れ、随分稼申候て、家相続専一にこれあり候事。
一、神仏を信仰致し、毎月の式日には身意をきよめ、其朝、日輪を奉拝し、其以後居屋敷之氏神へ参詣いたし鎮守八幡宮へ壱ケ月に一度宛《ずつ》は懈怠《けたい》なく参詣致すべき事。
一、諸親類に睦間敷《むつまじき》、幷《ならびに》懇意の者其時々の義理等勤むべく候。先方之少々不義理等御座候共、心に懸《かけ》申さず候様、数年心得らるべき事。

一、我より下之者に慈悲をいたし、不届成義《ふとどきなる》これあり候共、用捨致す心添《こころぞえ》致すべき事。

一、何国ゑも往来道中の節は、昼夜に限らず用心致し、油断これあるまじく候。壱人旅之砌《みぎり》は、ゑしらぬ者跡へたて立不申物にてこれあり候事。

一、村中の百姓、御年貢訴訟か又は何にても騒動《そうどう》ケ間敷《がましき》儀御座候共、頭取人数にも加り申間鋪《まじく》候。たとい村内不通《ふつう》相成候共、御地頭様へ之大勢騒動は天下一統之御法度にこれあり候。

一、氏神御社参落（参詣）いたし候節は、不勝手なり共、其時の修覆建立致し、幷春夏馬場之掃除、壱月に二度宛致すべき事。

一、湯治又は何にても遠方へ罷越候節、洪水にて渡船あやうき節は、金銭入申候共、其前村に逗留いたし、大水引申候刻通るべき事。

一、村内年寄分之者に、諸事心ゆるし申間鋪候。尤御公儀様、御作法相背申間鋪候事。

一、兄弟中能《よ》く、万事相談申合候て、身躰《しんだい》相続致すべき候。如何様之義御座候共、不和に相成り申間鋪、その為、両家に相建て申候事。

一、我等相果申候以後、母に孝行いたし、愚痴なる義申候共、口論少も致間敷事。

右条々相守り申すべく候。我等先祖迄之孝礼にこれあり候。此書永く所持致し、毎年正月中披見《ひけん》頼入候事。

第一条・第二条は、村の「百姓」としての生き方であるが、ふつうの小前百姓ではなく、村を束ねる村役人の立場から大事な事への処し方を述べている。鯉淵家は家相続を念頭第一に置く家筋誇りの「百姓」であり、農耕専一を家業とすることを肯《がえ》んじるが、同家の農耕は、常に人を使って維持する経営である。第五条に、「我より下之者」をどのように使うかを遺言しているのは、上層経営の位置にある者の自覚をうながしているのである。

特段の「百姓」であろうとする意思は、第七条・一〇条にも見える。七条では、村中の百姓が年貢などのことで訴訟や騒動をくわだてても、それに加わらず、たとえ事後に村の住民と交流できなくなっても、領主、法度の側にあるべきことを遺言している。一〇条では、村の「年寄分之者」にさえ心を開かず、公儀秩序に従うことを強調しているのは、他と区別したい同家の家筋意識にもとづく。

嘉兵衛は、終わりに「遺言状」を、自分の死後も、毎年正月中に必ず読み返すことを求めている。先の節で紹介した大名家訓と同じである。これらの、信仰もふくめた律すべき諸行為の下支えになっていたのは、「孝礼」、つまり孝行という徳目である。

図4　三井高利夫妻像（三井文庫所蔵）

公儀払方《はらいかた》御納戸《おなんど》呉服御用、公儀為替《かわせ》御用方《ごようかた》を拝命し、公儀御用達《ごようたし》の格式を得て、井原西鶴《いはらさいかく》の『日本永代蔵《にっぽんえいたいぐら》』（貞享四年〈一六八七〉）に描かれ、近世を通じて巨商の地位を守り続けた三井家の場合は、どのような家訓を持っていたのか。遠望すれば巨商だが、経営体として見れば、三井家も外側からの圧力、内側の歪みで、何度も不安定になり、危機状態にもなり、それらを乗り越えての巨商であった。一八世紀中葉以降の三井家は、大げさに言えば死者の手引きによって道を辿っていくという光景が随所に見られた。最も太い死者の手引きの緒《お》というべきものが、「宗竺《そうちく》遺書」であった。

「宗竺遺書」が牽引する三井同苗集団

三井家は、一七世紀半ばに伊勢国松坂《まつざか》において、利貸しで資金を作り、やがて京都・江戸で呉服商を開業し、両替商も兼営し、三都と松坂に十数店の商店を経営するまでに成長した。三井家は伊勢国松坂出自の商人だったが、伊勢屋とも松坂屋とも言わずに、「越後屋」という屋号を称した、それは家の歴史の記憶を尊重したからである。

一八世紀二〇年代の享保年間（一七一六〜三六）に、三井家では、商家の遺訓である「宗竺遺書」（宗竺は高利《たかとし》の長男、三井惣領家初代高平の隠居名）とともに、「家伝記」『商売記』がまとめられた。宗竺高平はまた、子の高房に町人盛衰の見聞記事を与え、高房が序・跋《ばつ》を加えて『町人考見録』になった。「家伝記」「商売記」には、家の来歴が書かれたが、それによると三井家は近江守護職から戦国大名になった六角《ろつかく》佐々木家の家臣であったが、織田信長《おだのぶなが》に敗北を重ねた主家の衰退によって浪人して伊勢へ移った、三井越後守（法名宗観）を「家祖」とする。この人物は商業を始めたのではなく、常時武器を手放さないような人物で、その長男の則兵衛の代から商いに着手した。実際は則兵衛は遊芸の人で、商いを担ったのは妻の珠法《じゆほう》であった。三井家事業は、この女性から始まったのである。

三井家も、士分筋《しぶんすじ》を誇りとするが、各地の農家上層に見られる「士分化」の願望とそのための働きかけは見られない。商家と農家の違いの一つと言える。三井家の「家伝記」も細かに調べれば誇張や粉飾の箇所があるであろうが、それらは後日の家業の成功へつなげる「物語」であり、商人として這い上がる苦心譚であり、士分化願望のせいではない。

三井家は、非血縁成員をふくまない、「兄弟家」（九家、のち一一家）による同苗《どうみよう》の組織を存立の原則にした。一七世紀末には「店方制度」を確立し、一八世紀初めには「大元方《かた》」を設置した。この「大元方」が、同苗各家を強く結びつける役割を担った。

享保七年（一七二二）に制定された「宗竺遺書」は、宗竺個人の有能さや先見性から生まれたものではない。宗竺は、三井家を京都・江戸で大きくした真の創業者高利（宗寿）の遺書を改めて家法を制定し、自身だけでなく高治（宗印）・高伴（宗利）とともに奥書・連判《れんぱん》を加えて、共同の意思として家法を制定したのである。

「宗竺遺書」は以後、三井家の同苗結束のシンボルとしての役割をはたした。元文三年（一七三八）正月、大元方の臨時寄合の初めに、「宗竺居士御遺書、御読聞せ」が行われた。三井家の新しい「親分」就任を決める場で、その権威を後ろから支えたのが「宗竺遺書」であった。この家法は、危機的な状況の克服に際してしばしば力を発揮していく。その前文の中の核心は、次のような文言で表現されている（『三井事業史　本篇第一巻』）。

同苗共《どうびょうども》、心を同じうし、上に立つものは下をめぐみ、下たる者は上をうやまふべし。我々は兄弟にしてむつましく、この末はまた左にあらず。然ればいよいよ心ひとつにし、建て置く家法・礼義をみださず、能く謹み守る時は益《ます》ます栄へるの利、人各《おのおの》その心有り、かれが心をくみ、我を計て事をなさば能く調《ととのう》る。己を立て人を計らざるは、外《そと》調うとも内《うち》和せず、ふくせざる時は乱也。この旨能くよく心得べし、奢《おご》り生る時は家業忘れ、その商いにおろかなる時は、なんぞ繁昌せん、只一家したしく身を慎み、私はなく眷属《けんぞく》を能くめぐみ、家業おこたりなき時は、弥《いよいよ》繁昌相続致すべき事。

同苗（兄弟である頭領たち、選ばれた手代《てだい》たち）の一致・一和、家業出精によって、平生、危機のさまざまな局面に対処していくことを、成文家法《せいぶんかほう》にまとめ、時に応じて朗読し、聴聞し、その精神と手法を共有していくことを、宗竺が具体化したのである。時代を経るにしたがって、「宗竺遺書」は廃れるどころか神聖視されるようになる。「家伝記」「商売記」は「宗竺遺書」の内容を、家業史を振り返ることで理解させようとしたものであった。「宗竺遺書」は、何か事が起こった時に、同苗・元〆役《もとじめやく》の前で朗読されたが、広く配られたのではない。逆に秘書化することで、その神聖感を増幅させた。同苗の店々には、その一部を抜粋した、営業上の心得などを中心に纏め直した「家法式目」が渡され、店々はそれを朗読して店の規範とした。「宗竺遺書」には、財産分配や賄い料の率などの重要な規定があったが、それらは各店の判断をこえるものであった。

「家法式目」のほかに、「吉凶の格式」がつくられ、同苗間の交際ルールになった。「吉之定」は婚礼、出産、年賀、新築などの祝儀の決まりである。「凶之定」は死亡、年忌で、葬礼費用、香奠《こうでん》の額のほかに謹慎の日数を、同苗、元〆、名代層にまで決めている。これは、綱吉政権時代、武士に対して発された服忌令《ぶっきりょう》の町人版とも言える。

三井家は、上層商家にとっては、その成員教育もふくめてモデルの役割を果たした。家の個別性を超越しているようで、実は家の機能の徹底性を基盤にしていることも、周囲にとっては魅力であり、羨やむべきことであった。しかし、いくら羨望のモデルとみなしても、たとえば三井家の同苗子孫の家業見習いの階梯表を見るだけでも、とうてい他家には真似できないところがあった。「宗竺遺書」では、同苗子孫の家業見習いを次のように指示している。まず一二、三歳で京本店にて「子供」同様に諸事仕入れ方を見習う。一五歳で江戸本店にて二、三年勤め、ついで京本店で買い方、帳面当たりの役を勤める。二〇歳で江戸へ出向き、本店で仕事を引き受け、帳簿を呑み込む。二四、五歳で京本店にて買い方、帳面を覚え、一年間は大坂で呉服店に住み込んで、両替店や綿店での買い方も見習う。二八、九歳にて江戸の綿店で一切を見覚え、上州・郡内（甲州）・八王子（武州）で買い方に当たる。三〇歳にて「親分」が指示する勤めに従う。

こうして同苗家子孫は、将来経営者の一員となって三井家を担うに足る経歴と能力を身につけていくプログラムが用意されていたが、この教育システムは、ふつうの上層商家では手の届かないものであった。ともあれ、三井家では、経営の一般的な心得も、危機への対処も、次代の育成も、「宗竺遺書」の中の死せる先達たちが牽引したのである。

大坂商家の家伝と家訓

鴻池善右衛門《こうのいけぜんえもん》は大坂の両替商で、善右衛門は代々の当主名である。鴻池家は、独特の家伝観を大切にすることによって、自家の経済活動を奮い立たせてきた。鴻池家は、主家尼子《あまこ》家の再興のために身命を投げ打って働いた悲運尽忠の武将山中幸盛《やまなかゆきもり》（鹿之助）の子孫であるという家伝を持ち、姓も家内では山中を用いている。四代善右衛門宗貞《むねさだ》は、京都大徳寺に祖先山中幸盛の位牌堂南明庵《なんめいあん》を建て、これに付属する茶室蓑庵《みのあん》を設けている。鴻池家は、こうして十分すぎるくらい士分筋の家系であることを意識していた商家だったが、士分化運動をしたのではなく、あくまでも商家として生きようとした。付言すれば、鴻池家は明治末年、経済発展に功ありとして「男爵」になり、「華族」入りしている。

鴻池家の実業の起点は、摂津《せっつ》国川辺郡鴻池村で酒造を始めた善右衛門の父親の新六で、江戸送りの商いが成功して、大坂へ拠点を移した。大坂でも酒造業を営んだが、子の正成は、自家酒造だけでなく、諸藩の貨物や年貢米を輸送する事業を初め、手船百艘の海運業に発展させた。正成は、商家鴻池家の初代とされる。正成は、年貢米の輸送や販売で関係が生じた諸藩への貸し付けを行い、金融業（両替業）にも乗り出した。鴻池家は、上方《かみがた》富豪の代表格となり、歴代当主が茶道の愛好者か庇護者であり、茶器収集に励む者もいた。

鴻池両替店は成長し、寛文一〇年（一六七〇）、公儀から「十人両替《じゅうにんりょうがえ》」という特権的な両替に指定された。そして、しだいに大坂の諸藩蔵米《くらまい》を引き当てにした大名貸しに経営の比重を移し、大名貸し専業の両替商になっていった。正成は、私生活では倹約第一で芝居を見ず、茶屋料理も知らずの日々をおくり、八六歳まで生きた。

ここで家訓として紹介するのは、初代の孫に当たる三代目善右衛門宗利のつくったものである。宗利は元禄八年（一六九五）、二八歳の時に家督相続し、三〇以上の藩の掛屋《かけや》・蔵本《くらもと》・立入りとなり、経営は絶頂期を迎えた。一八世紀になると、鴻池新田《こうのいけしんでん》を開発して地主経営にも乗り出した。本書が主題とする、死者が歴史を動かすという視角から見ると、四代善右衛門宗貞も興味深い。宗貞は、表千家《おもてせんけ》の茶人で茶器の収集家でもあったが、鴻池家が山中鹿之助を祖とするという家系の記憶を、一段と強い形に現そうとした。前述のように寛保二年（一七四二）、京都大徳寺の玉林院に祖先山中幸盛の位牌堂南明庵を建立し、付属の茶室蓑庵を設けた。逆に言えば、亡き山中幸盛が鴻池家の家運を前向きにさせる力を与え続けていたという関係になる。

宗利が享保元年（一七一六）に開始して享保一七年に完成させた「家定記録覚」は、以後、明治期まで鴻池家の家訓となった。初期商人が没落した後に成長してきた三井家や住友家、鴻池家などは享保期頃に家訓をつくって以後の経営を持続させていったのである。

「宗誠家訓」は「家定記録覚」を補うもので、享保一七年三月六日の日付で、「山中宗誠印・宗利　花押」から五代当主になる山中善右衛門宗益に宛てている。三代当主から四代当主を跳び越えて五代当主に宛てたもので、世襲制も、引退者が隠然たる影響力を行使する場合が生じるのは、天皇家でも将軍家でも庶民華族でも同じである〔宮本編　一九六九〕。

全体は九ヵ条からなり、第一条では公儀御法度の遵守を強調している。これは、商家の家訓でなくても、士農工商のすべてに対する触書《ふれがき》に見られるものである。第二条は、諸藩の屋敷に出向いた時「武士方」へ礼儀を厚くすること、身分の軽い衆にも同じようにすること、親族や町内の衆にも同じ、「おうへいがましい」態度をしないこと。これらも上下の家訓に共通するものである。

第三条は、「家督財宝之分、不残先達而譲渡申候」と家督譲渡の宣言から始まり、「本家之儀ハ大切之家柄」と強調している。これには事情があって、三代宗利の養子が分家の鴻池家を起こしたことによる。この条項では以下、身を慎む、万事油断しない、家業を繁昌させて子孫へ譲り渡す、夫婦の間柄のよいのが繁昌のもと、と続けて、

> 家督之儀ハ御先祖より之預り物と相心得、万端我儘ニ致さず、貴殿子孫へ首尾能く譲渡シ、永々家督相違なく相続これある様ニ朝暮心懸ケ申さるべき事

と諭している。これは、大名家訓に見られる「預治《よじ》」の思想に似ているが、大名の場合は所領を天や上様（将軍）から預かるものとし、「当分の国主」という自己規定を肝に銘じ

るためだった。これに対して、商家の当主の位置は、あくまでも「先祖」と「子孫」の中継ぎの時間帯の中での「預り物」を運営する責任者なのである。こうした、いわば「送り継ぐ者」というアイデンティティはどういうものであろうか。生と死の両方の側につながる、混淆した自意識を生きることになるのであろうか。第四条では、先祖の命日・忌日を怠らず勤める、親以下大切に、末々の者も大事に召し使う。第六条では、帳合の算用に心掛けることが説かれる。

第七条では、「素読《そどく》」に勤め、「講談」を手代中まで同席させることという興味深い諭《さと》しがある。ここでの「講談」者は、娯楽の講談ではなく、学問の講義である。講師を頼むツテについてはわからないが、そこに「手代中」も同席させて、「学問ハ身之治メ方第一ニ心掛ケ、其外善悪之義理を弁《わきまえ》候為之学問」と諭している。第八条は、「貴殿内証小遣銀」の事である。当主が自分の用で「他借《たしゃく》」をしないよう戒める。これは遊興費などへの警戒である。第九条も「大坂新町・京島原へ遊興」を、「家法」として禁じたものである。

後書きで、宗利は、「町人ハ其分限より格別身を引下ケ」と、世間の町人観を受け入れた上で、逆手を取るように商家の誇りについて説く。そして、この家訓を示された山中喜右衛門も、「子孫江申伝へ相守相謹」と、「子孫」を心中に思い浮かべるように約束している。

近江商人の遺訓と始末の経営文化

近江《おうみ》商人は、朱印船《しゅいんせん》時代、東南アジア〈安南《アンナン》〈ベトナム〉、シャム〈タイ〉など〉へも出かけるほど、遠隔地をものともしない商業者であった。海禁の時代になっても、行けるところまではどこまでも行って商うという商《あきない》意識は変わらなかった。行商から始まって、やがて各地に近江商人の定着商店が生まれたり、近江が町名に冠される所も現れた。近江商人が社会集団化してくると、出身地や業種によって、競合を避けるためもあり、講《こう》・組・仲間などを設けて相互に助け合ったり同じ場所や同じ相手との競争を避けたりした。

しかし、そうした組織はあくまでもそれぞれの家の経営の条件を悪くしないことの保障のためにあり、個々の家の経営は個々の家で責任を持って持続していかなければならなかった。誰も最後の一線では助けてくれずに滅ぶこともありえたのであり、どこまでも講・組・仲間が面倒を見てくれるのではない。存続の一番の責任主体は、家である。ここでは無償の献身が行われる。

成功した近江商人の家では、血縁を頼りにした、家法による結集が図られた。近江国日野から出た中井家の初代源左衛門〈享保元年〈一七一六〉～文化二年〈一八〇五〉〉は、一八世紀前半の享保年間、関東への行商人として商いの活動を開始した。以後、全国各地に多くの出店を開いた。代々の当主名は源左衛門となったが、初代の源左衛門は「金持商人一枚起《き》請《しょう》文《もん》」という誓約書のかたちの遺言を残した。これを、二代目源左衛門光昌が浄書した。中井家を深く研究した江藤恒治の書から引用すると、起請文は次のとおりである〔江藤　一九六五・一九九二〕。

もろもろの人々、沙汰し、申さるゝは、金溜る人を運のある、我は運のなき抔と申ハ、愚にして大なる誤なり。運と申事は候はず。金持にならんと思はゞ、酒宴遊興を禁じ、長寿を心掛、始末《しまつ》第一に、商売を励むより外に仔細は候はず。此外に貪欲を思はゞ先祖の憐れみにはずれ、天理にもれ候べし。始末と吝《しわ》きの違あり。無智の輩ハ同事とも思ふべきか。吝光りは消えうせぬ、始末の光明満ぬれば、十万億土を照すべし、かく心得て行ひなせる身には、五万十万の金の出来るハ疑ひなし。但運と申事の候て、国の長者とも呼るゝ事は、一代にては成りがたし。二代三代もつゞいて善人の生れ出る也。それを祈候には、陰徳善事をなさんより全別儀候はず。後の子孫の奢《おごり》を防んため、愚老の所存を書記《かきしるし》畢《おわんぬ》。

残されている起請文のうちには、本文末に「八十九歳翁良祐」とある文化元年（一八〇四）のものと、文化二年正月、「九十翁中井良祐識」としたものがある。おそらく死の前年に遺言したものを、寿命が尽きた翌年にあらためて本人のものとして二代光昌が浄書しなおしたのであろうと思われる。遺書としていささかいぶかしい点もあるが、本文に違いはない。

「一枚起請文」とは、浄土宗の宗祖法然《ほうねん》が建暦二年（一二一二）、死ぬ直前に遺言を弟子に与えたもので、「法然上人御遺訓一枚起請文」と一般に呼びならわされているものである。起請は誓約の内容で、次に神々の名を列挙した神罰を引き受ける神文があるが、法然の起請文は、神霊への誓いの形をとった、自身の体験を弟子に教えた諭しである。その主旨は「極楽往生」を願うのであれば、「一向に念仏」するほかにないということであり、それが遺言・遺訓となったのである。

近江商人の源左衛門は、子孫に対して、法然遺訓の書式を生かし、商人のあり方を教えようとした。崇敬だけでなく、「法然上人」と「金持商人」の「ショウニン」の同音性もヒントの一つだったかもしれない。そのように暗喩したのであれば、そこには自負もふくまれていよう。中井家には、江藤恒治によれば、家憲・家訓的なものと、店規・店則的なものと二様の家法書があって、点数で三七に及ぶという〔江藤　一九六五〕。ここで一枚起請文として紹介している遺訓は、それらとは区別されるものである。しかし、家長の遺訓として経営文化の要を現している。この遺言については、商業史、近江商人史などの専門家が、すでに検討を重ねている。それらも生かして、本書の視角に立って私なりに要点を引き出してみよう。

「金持商人一枚起請文」という表題を本人の初代源左衛門が付けたのか、浄書した二代源左衛門が付けたのかはっきりとしないが、先に述べた法然上人への崇敬と合わせて、「金持商人」（上人）という自負がふくまれるという解釈にたって、初代の工夫になるとしておきたい。

この一枚起請文においては、「金持商人」が「法然上人」あるいは「元祖大師」の位置と同じである。つまり、「金持商人」である源左衛門が法然のように諭している遺訓である。それでは、法然起請文における目標である「極楽往生」と、それへ至る唯一の手立てである「一向に念仏」に当たるのはどれだろうか。それは、「金持にならん」というところである。目標としての「金持」でもよい。「一向に念仏」に当たるところは、「長寿を心掛、始末第一に、商売を励む」の箇所である。それへの手立ては三つである。

源左衛門は、自分の実体験をもとに遺言している。働きづくめで九〇歳の高齢に達したのは授かりでもあったろうが、源左衛門にとっては、「酒宴遊興」を厳しく節してきたという自戒の努力の結果なのである。長寿も、人間的努力の成果と観じられている。始末（倹約）も、商売精励も努力である。こうした努力を見詰め続けていて、応分に報いるのが「先祖」の「憐み」（慈恵的霊力）と「天理」（慈恵的天恩）である。

「始末」は「吝き《しわ》」（吝嗇《りんしょく》）とまったく異質なものとされている。吝嗇は、手元に取り込むだけの貪欲行為でしかない。世の光を消してしまうだけである。それに対して、「始末の光明満ぬれば、十万億土を照すべし」というのは、倹約と、勤勉で得た「金持」の金は、「陰徳善事」の形で社会へ還元されていくことによって、社会を照らす光になることができる。二代目源左衛門は、この教えを生かして、寄付作善《きふさぜん》を行っている。こうした倹約・寄付の教えは、中井家だけではなく、近江商人の家訓にあっては共通の経営文化になっていたことが知られている。

死に向き合う近世人

最期の看取り

死にゆく人を看取る認識

江戸時代、武士の世界ではしばしば先祖書あるいは由緒書が提出された。大名家でも公儀に対して家譜を提出し、それにもとづいた系図が、『寛《かん》政重修諸家譜《せいちょうしゅうしょかふ》』のような公的な記録として残されている。この家譜は、現代の日本史研究においても不可欠の史料として活用されている。それぞれの大名家でも、時に応じて家臣たちは同様の記録の提出が求められ、それが藩政史料の中にふくまれている。それらの記録は戦乱の時代には戦場で落命したことが書かれ、その「武功」が子孫の家格に反映されてくるが、その子孫たちは、「無事の世」で一生を過ごすから、ほとんどの者は末尾に、「病死仕り候」と書かれている。非戦の時代環境のもと、「病死」で最期を迎えることは、武士以外の庶民身分でも同じである。

近年では女性史の研究が進み、歴史の中での介護についての本格的な研究が出始めている〔柳屋　二〇〇七〕。ただ、女性史における介護論は、主として介護者あるいは介護環境の「性差」に主眼が注がれる。ここで私が取りあげるのは、先に紹介したような死に向かう本人の心身記録ではなく、死に向かう人間を側で介護したり見届けたりした者の記録である。介護の男女差にも立ち入らない。

遺訓・遺言の政治文化、経営文化は表の社会様式とでも言うべきもので、病んだ人間や死に臨んだ人間は苦しさをあらわし、未練がましさをあらわし、それを世話する者も心境が揺れ動く。そういう光景と、遺訓の政治文化が時代をおおっているということが矛盾することなく同時にあったのが江戸時代なのである。二つを結んでいるのは、死者と生者の距離感の近さである。未練がましい臨終近い人間を見るのも、死に近づいた者の言説を受け入れるのも、身近で死を見守っているからである。

百姓身分の父親を看取る

百姓身分の父親が死に臨む最期の日々を、見守る立場から書いた興味深い記録がある。父親は、信濃国水内《みのち》郡柏原村（北国街道《ほっこくかいどう》の宿場）に住む中農《ちゅうのう》の百姓弥五兵衛である。記録したのは、弥五兵衛の長男弥太郎（幼名）である。弥太郎は、三歳で母親を失い、八歳の時、父が再婚して弟の仙六が生まれた。やがて継母と不仲になり、一五歳で江戸に奉公に出された。俳人一茶《いっさ》（宝暦一三年

〈一七六三〉～文政一〇年〈一八二七〉として知られるようになるが、宗匠にはなれず、放浪の俳諧師の生活をおくった。

放浪に疲れたか、享和元年（一八〇一）、三九歳の一茶は、帰郷して、長く弟と争ってきた家産の配分を有利に解決することを望んだ。父親は、一茶の味方であった。柏原村に居住できた一茶は、結婚し子も儲けた。中農の家産をどのように分地したのか、一茶がどのように暮らしを営んだのか、不明なこともあるが、ここでの関心は父親の最期を看取った光景である。一茶の記録というのは、『父の終焉日記』と名づけられているものである（岩波文庫版）。

六五歳になる父親の弥五兵衛は、「傷寒《しょうかん》」（急性の熱病）を発病して寝込んだ。一茶は、これより父親の死に至る日々から臨終、初七日に至る三〇日余のことを日記体で書き残したのだが、これについては、背景に創作意欲があって、日記の体裁をとった私小説という指摘もある。しかし私は、俳句が文中に挟まれていることで、記事を創作と見るのは当たらないと考える。先に紹介した無足人《むそくにん》山本平左衛門の『日記』は、自身の記録だが、そこには随所に自分が詠んだ歌が書き込まれている。そうした詠嘆の歌を挟み込む散文記述の進め方こそが、近世人の自己表現だと私は考えている。事柄や感慨に多少の誇張があったとしても、この日記に書き込まれているのは、近世人の生死への姿勢を反映するものであると言える〔深谷　二〇〇三〕。以下に、記事を追ってみよう（史料は岩波文庫版）。

享和元年四月二三日、父が急に高熱を発した。体は「火にさはるごとく」で、飯を勧めたが、「一箸も喉へ通らず」という容態になった。二五日には病状がさらに重くなり、重湯《おもゆ》も飲めなくなった。薬も、一雫ずつ口に入るだけである。翌日、どこから呼んだのか、医者に見せている。そこで「傷寒」の見立てが出されたのである。

弥五兵衛は熱心な真宗《しんしゆう》門徒で、二八日は祖師親鸞《しんらん》の忌日だというので、口を漱《すす》いで読《ど》経《きよう》をする。こうした気力は持っているが、後ろ姿を見る一茶には、「御声低う聞ゆる。いかうおとろへ給ふ」と、心細い。二九日、父親は兄弟の遺産分けを心配し、一茶の取り分を残そうとするので、弟の仙六が納得しない。しかし「脈」の状態がよくないので、万一を思い、弟を傍らに寝させた。このあたり、一茶の感情が身勝手なほど文面に出る。父親は、夜、苦しそうに「いきを空へ向きて吐き給ふ」という有様で、一茶にはいたましい。

それでも、弥五兵衛の本復《ほんぶく》したいという気持ちは強く、「熊肝《くまのい》、もちゐて見たし」と言い出す。そこで一茶が弟に買いに行かせたところ、父親は「息巻《いきまき》給ひ」て、自分に相談せずなぜ買いに走らせたのか、お前まで我をないがしろにするかと怒る。一茶の平謝りに、やがて父親の怒り声も細くなる。

五月二日、父親は苦しみ始め、翌三日には医者が見放した。家族は神仏に祈ろうとしたが、熱心な真宗門徒の父親は「宗法」だといって許さない。その後も小康を得ることはあり、田植えは結《ゆい》や雇いや家人でこなした。五日は小康で、本復かと思ったが、それはかなわない。六日には「今往生《おうじょう》をとげたりとも、何の悔かあらん」と父が落涙するので、「はやく快気なし給へ」と一茶が応え、父親を悦ばせた。七日、病人が梅売りの声を聞き、「青梅」が食べたいとむずかる。これに対しては、「毒なり」と一茶も応じない。

八日には、ゆかりの人びとが、弥五兵衛重病を聞きつけて来訪する。弥五兵衛の好物だからと、酒や蕎麦粉を持参する者もいる。一〇日には、梨が食べたいとむずかるので近くを探したが見つからない。また薬の切れ目なので善光寺へ出かけ、薬だけでなく、梨を求めて青物屋や乾物屋をかけ巡ったが、見つからない。一二日、冷水を欲しがってむずかる。家族がたやすく与えるため、それを与えない一茶に怒る。

一三日、「酒たう（食）べたき」と無理を言うが、医者は飲ませてはならないと警告した。しかし見舞いの客たちは、死んでから悔いてもしかたがない、一口二口ならいいのではないかと言い、誰かが五合も飲ませてしまう。

一四日、顔のむくみを見て「酒毒」と一茶は判断した。病人は酒が欲しいと言い、与えないと怒る。しかたがないので、椀一杯を与えると舌鼓を打ちながら呑む。父は真宗の信心に支えられて、朝夕の読経に努めてきたが、しだいに起き臥しもままならず、寝ながらの読経となり、読経の声も心細いものになる。

一六日、一茶には父親の顔のむくみが気になるが、見舞い客の中には、本復疑いなしと励ましたり、「往生の大事忘れ給ふな」と枕元で念仏をすすめ、声高々と自ら念仏を唱えたりする者さえいる。一茶には、往生を勧める人がうらめしい。また母や弟らが、「今往生をとげられなば、よき世の仕舞《しまい》」と囁きあうのを聞いて、一茶は嘆く。

一七日、顔のむくみが進み、喉も痰の鳴る音のみとなる。痰は砂糖水で抑えてきたのだが、今は手だてがない。医者がようやく到着した時には脈は良く、むくみと痰だけで、むくみ消しの薬をおいていく。夜明けに、父親は砂糖を求めたが、家族の言い合いになって買わないことにした。その後、高熱が出て、冷水をほしがるので一茶が汲みに出た。

一九日、これまでは朝は笑いなどしたが湯水も呑まず顔の色艶もない。昼過ぎから容態が変じて、苦しむこともなく我侭な求めもなく、木の仏のようにすやすやと眠るのみとなった。夜、目を覚ますと経文を高らかに唱え、また眠る。

二〇日、熱が上がり、昼頃から顔が青く目は半ばふさぎ、吐く息吸う息ごとに痰がごろごろする。それも弱まり、唇をぬらすのみとなる。夜明け近い卯の上刻（六時台）に「眠るごとく息たえさせ給ひけり」。

発病から死去まで二七日間であった。一茶は初七日まで書いているが、今は省略する。

遺言は、力を発揮するのだろうか。大名家や豪農家・豪商家では組織の力がその持続を強要していくことが期待できる。しかし、遺言には、政治や経営でないもっと私的な事情にかかわる事柄もあり、庶民家族の中でも残される。ここで取りあげるのは、初期の城下町の御用商人だから、下層の商家ではないが、親戚・縁者の申し合わせのような形で、遺言が記憶される事例である。

親の遺言の力

武蔵国川越藩の一七世紀の城下町で、藩御用も勤める塩商人であった榎本弥左衛門《えのもとやざえもん》については、江戸初期の民衆思想研究の関心の対象となり、『川越市史一』にも紙数が割かれ、大野瑞男氏による校訂『榎本弥左衛門覚書—近世初期商人の記録—』〔大野　二〇〇一〕も公刊されている。私も、近世的人格として取りあげたことがある〔深谷　二〇〇三〕。したがって弥左衛門の全貌はほぼ知られているのだが、ここでは、弥左衛門が残した記録によって、母親の死に際しての遺言がどのように扱われたかをうかがってみたい。死者の力が現世をどのように規制するかにかかわる、一つの局面である。

寛永二年（一六二五）に生まれた弥左衛門は、いくつかの記録を書き残したが、その一つに『三子《みつご》（幼児）より之覚』がある。弥左衛門は、若い時に四年間も腹膜炎らしい病気を煩い、平癒の参詣や湯治も繰り返したが、これが宿痾《しゆくあ》（持病）のようになった。四〇代の終わり頃には日々死を意識するようになり、天和二年（一六八二）には耳も目も半ばの働きになり、歩行さえもつらくなった。貞享元年（一六八四）には失明し、耳も聞こえなくなった。彼はその翌貞享二年、六二歳で死んだ。

遺言は、弥左衛門のものではなく、その母親のものである。弥左衛門自身は、病弱ではあったが、人の死という現実に対して衝撃を受けるタイプではなかった。正保元年（一六四四）、まだ八郎兵衛と称していた弥左衛門が江戸に商いに出かけていた時に、姉が死んだという知らせを受けて川越に帰ったことがある。この時、両親とも深く嘆いていたが、弥左衛門は泣けなかった。

　我もなみだを流したく候へども、生れつきしうじやく（執着）うすき故、なみだ出不申、気の毒ニて候。併なかれぬニなきたがるも見苦敷《みぐるし》かるべくと存候事。（『三子』）

若い頃の弥左衛門は、その素行や体の弱さもあって両親と気まずい関係だったが、ことに母親と仲がうまくいかなかった。結婚にも早々に失敗していた。しかし、正保五年、二四歳で新しい妻を迎えた。「八王寺より、我等女房置申候也」と書いているのがそれである（『三子』）。この妻は気に入り、両親とも和合し、二九歳で親の隠居によって家督を相続した時には、「母人へ孝行を仕くれよ」と妻に頼んでいる。姑へ孝行すれば、その因果で将来自分に対して「よめ孝行」が実現する。それゆえ、親が気に入るように「女房ニ昼夜おしへ申候」と言う。

三〇歳の時には、弥左衛門と二親《ふたおや》は良い関係になり、「子どもをそだて様は、女房ニ能申含、親ノ心を正敷《たゞしく》たしなみ、そだてさせ可申候」（『三子』）と妻の育児に口出しし、「正直」と「礼儀」、勤労に励むという生活態度を子に教えようとした。

母親の遺言に関わるのは、この妻についてである。明暦四年（一六五八）、弥左衛門三四歳の時に、母親が死んだ。

> 久敷御病仲（中）ニ、八王寺よりよび申候我等女房、孝行仕り、母ノ御気入り、御かんびやう（看病）仕候間、満足被成、父弥左衛門殿ニ御遺言被致候、
>
> 倅八郎兵衛女房は、数年孝行ニて、取わけ病中ニ情（精）を出し、かんびやう仕、孝行ものニて候間、我等相果候はゞ、一門共ニ為申聞候、大切ニ為致可被下候。

母親の遺言は、自分の夫に対してなされた。それは、次のような内容であった。

倅（この時は榎本家の当主名弥左衛門でなく八郎兵衛）の女房、すなわち嫁は、姑の自分にたいへん孝行し、看病にも尽くしてくれた。その人柄も気に入っており、孝行ぶりに満足している。ついては、自分が死んだなら、夫のあなたから親戚一同に、この嫁を大切にするようよく言い聞かせていただきたい。この遺言は、「母人御ゆいごん」として大切に扱われた。初七日の「親類寄合申候時」に、父弥左衛門が遺言の「御ひろめ」を行った。同席した者らは、「いずれもかんじ入申候」という雰囲気になった。

弥左衛門は、あらためて妻に、実の倅の自分は母親に気に入られなかった。ましてや嫁と姑の仲は悪いのがふつうであるのに、親類中へ嫁を大切に頼むとの遺言が披露されるとは、まったく「其方は大いなる手がら」だと賞賛した。そして、これから五年間ほどは、「少計ノちがい御座候共、ようしゃ（容赦）可仕候」と約束を申し出て、妻を、「満足がり候」と喜ばせた。ところが妻は、数年の緊張を急にゆるめたためか、その日から腹を病んで長煩いとなり、姑の死んだその年のうちの八月一六日に、二七歳の若さで死んでしまった。この年、父弥左衛門も死んでいる。この年から二年ほどの間に、父母、妻、子供、「家来」（奉公人）あわせて九人が死没した。弥左衛門自身の病気も重くなり、家業・家事ともに途方に暮れている。

父親の死を見詰める

『鸚鵡籠中記《おうむろうちゅうき》』（『名古屋叢書続編』所収）の著者は、尾張藩士朝日文左衛門重章（延宝二年〈一六七四〉～正徳四年〈一七一四〉。元禄五年〈一六九二〉、一九歳で文左衛門。宝永五年〈一七〇八〉、三五歳で襲名し定右衛門）である。

朝日家は、百石取りであったが、六二万石の御三家名古屋藩では藩主御目見《おめみえ》資格はあるものの中士《ちゅうし》であった。父親の役職は「御天守鐽奉行《やりぶぎょう》」で、文左衛門誕生の時には「御城代同心」であった。しかし、上士ではなかったが、朝日家にはじかに支配する百姓がいた。

文左衛門は、よく暴飲暴食するタイプで、「食傷」「吐瀉」「奇応丸《きおうがん》」「快復」「痛甚」「気色不快」「水泡を吐」「不食」「眼中黄ばみ小便色」などの文言が散見され、自分の意志薄弱さを「不孝大」と後悔する文章も見つかる。こうした性癖が人の身体へのひときわ敏感な観察癖を引き出したのか、父親の死に至る経過を克明に記録している。

初めて父親の体の不調について文左衛門が書いたのは、正徳四年九月三日である。「尊父の御腫物《はれもの》」の療治に山田忠伝が来宅し、これに夕飯を出した。父親は、右耳の下に小さな「瘤《こぶ》」ができたのに気づき、初めは灸治をやった。その効果がなく、七月頃、人に隠して自分で針でそこを突き刺し、さらに剃刀で裂いて血を出した。その処置が悪かったのか、痛むようになり、顔が腫れてきて、眼と口が左のほうに引っ張られたような顔貌になった。しかしとくに気分が悪いということはなく、食事も普段どおりであった。

しかし九月二三日には、父親の「御食減し玉ふ」という体調になり、九月二五日から、これまでも父を診た玄端が「内薬」を合わせた。飲み薬であろうか。九月二七日、父の食が進まない。夜も二、三口食べるだけである。前日までは「行水《ぎょうずい》を毎晩」して、「北の座のこたつ」にもあたったが、今夜からは南の座敷に臥せる。ただ一〇日余りも便秘が続いていたが、少しお通じがあった。九月二八日、父は夜絶食し、時々こみあげて胸が苦しいと言う。医者の徳岡道波を呼んで診てもらったところ、「瘤」は治らないだろうが、絶食やこみあげはよくなろうと言う。そして「白膏薬」を置いていった。玄端も来る。父親は、煎じ薬は飲もうとしない。

一〇月一日、父親は昨夜は、湯を両度飲み、今朝は粥を少し食べた。熱がある。一昨日までは、腹がつかえると自分で針を立てたが、昨日からは少し良いとのことで、針はやめた。昼頃から頭痛や痛みが起こったり引いたりする。医者は、脈はよくなっていると診立てる。夜は粥の湯を、二度飲む。一〇月二日、父親は、朝麦湯を飲む。昼、汁かけ飯を少しとる。「御心よし」とのことである。しかし一〇月五日には、焼飯を少ししか食べず、小便がまた濁る。一〇月七日、父親は、「御気色よく、謡を少し被遊。麦切を御好。毎日被召上」という体調で文左衛門も悦んだ。一〇月八日の夜、「瘤より血出」。一〇月九日、「血出」。「御気重く、御食も前々のごとくならず」となる。

一〇月一〇日、父の「御気色不快」で麦湯をとるだけで食事ができない。一昨夜から顔が赤く、「血出」。夜「鮮血多く出」て、そのうえ「鳥の肝のごときかたまりたる血」を盃に半分ほども出す。一〇月一一日、少し「血出」。津田玄春という医者に「内外の療治」を初めて頼んだ。酒など出し、泊まってもらって夜は「おやつ」を出す。「人参《にんじん》五銭づゝ」。これは朝鮮種人参であろう。一〇月一三日、「今夜粥湯二度あがり、御快方也」。医者の玄春が来たので、供の六尺《ろくしやく》（下男）ともに酒を出した。一〇月一四日は、「薄粥二三度あがり、御快かた也。血少づゝ時々出」となる。

一〇月一五日は、時々粥の上湯《うわゆ》を喉に通した。昼過ぎ「血余程出流」の状態で、夕暮れにも出血した。しかし父親は、自分で毎朝「御歯木《しぼく》」を使い、手拭いを湯に浸して顔・肩・腹から足まで残らずぬぐう。元気な振る舞い様は変わらず、「流血御顔に溢る」状態でも従容《しょうよう》としている。文左衛門は、父親を「実に大丈夫《だいじょうぶ》也」と感嘆している。「瘤甚かたくして、粒々立《つぶつぶだち》桃の大さなり」という顔面であるが、耳に忠伝が「油薬」を入れると内から差し入れたものに「膿血」が付いてくる。右耳の下に瘤があるので左を下に片寝になる。背中が曲がっているので仰いだ姿勢では寝られない。床ずれしているのだが、父は「痛苦のことの玉はす。昼夜黙して御息呼吸もあらくなし」。父は人を呼んだりせず「外事世事」に触れず、必要な時にだけ物を言うが、たいへん分明である。話題は、本復したら来春は孫と伊勢参宮しようとかのことである。「少も御病苦のていなく、昼夜閑然として居玉ふ」。小便は尿器を命じてし、大便は出ない。なにやらいつも唱えて日課としている。

一〇月一六日は、出血がひどかった。「血余程出」。しばらくそれが止まらない。しかし、父は「自若《じじゃく》」としている。「卯半《うはん》」（朝七時頃）少し苦しんで、頭を文左衛門に押さえさせ、手にすがった。自分で脈を診て、「脈なしとの玉ふ」。文左衛門が診ると、脈はあるが甚だ弱い。しばらくすると元に戻った。本人も自分で診て「脈出たとの玉ひ、先程は死なんと思ひしに、又よく成たるとの玉ふ」。医者の玄春が午後やってきたので、供の六尺ともに

図5　薬種屋（『人倫訓蒙図彙』）

酒を出した。当分は心配はいらないと請け合うので、皆ほっとした。薬に「人参壱分」を入れた。

一〇月一七日の父は、容態が良く、「血も不出」。落雁《らくがん》を少し食べ湯を飲んだ。堅めの粥を中椀で半分食べ、「御快方」の模様であったので、文左衛門は悦んだ。一〇月一八日には、父親の

「血、よ程出」。食はとれず時々薄い粥を蛤貝で三口ほどずつ食べるだけ。近親者が夜食、なめし田楽、蒲鉾《かまぼこ》、茶など持ってきては母にすすめる。西半（夕方）、父は小便に起き、終わると「俯して物の玉はず」。これを見て居合わせた人びとが騒ぎ、文左衛門が脈を見たが異常はない。文左衛門は「終夜御枕元」についた。宵に「薬を貝にて二度」のみ、その後はいやがって呑まない。湯も二度呑んだがこみあげ、苦い丸薬を好むので文左衛門が嚙み砕いて二度呑ませたが、夜中にこみあげることが五六度もあり、「水及び薄き痰を吐き玉ふ」。「寅の半前」（午前五時前）にこみあげがあって、右の脈拍が絶え左は幽かになったが、「口に唱をたやし玉はず」。父は、昔からこみあげの時は「神仙解毒《げどく》と万金丹《まんきんたん》」がよいと強く望むので、万金丹を嚙み砕いて与えた。同時に父は数珠《じゅず》を両手で繰ったり、いつものお勤めのように両手を組んだりする。「薬粥」をすすめると、こみあげるから厭という。「寅半過」（午前五時過ぎ頃）にはもはや臨終かと見えて、「御目を見開き、予が手に取付玉ふ」。しばらくして再び脈が動き、文左衛門になぜ起きているのか、寝よと言い、母にも寝やれと言う。苦しみはなく言語は常のようである。文左衛門は、父の頭を押さえ手を握った。発病以来、少も「痛苦の事曽《かつ》ての玉はず」。呼吸も荒くなく、平生と同じである。

一〇月一九日、夜明け、医者の玄春を呼びにやったが、急病人が出たとのことでやってこない。父親は、こみあげるように「痰及び水を吐玉ふ」。辰の刻過ぎ（朝八時頃）から「血の黒きを吐玉ふ」。瀕死の重病人は、たびたび起き上がろうとし、目を瞠《みは》って、文左衛門の手にすがり付こうとする。その間も何か、「御口に御唱」を続けており、巳半刻（午前一一時頃）になって、眠るように「此世を去り玉ふ」。文左衛門は思わず父親の枕辺に突っ伏し、「涙、禁ずべからず也」。死因となった父親の腫物は、「つめたき時も有、甚臭き時も有。其時は鼻血出る」。文左衛門は、父親の遺骸の側に座して、幽灯の下の顔を見る。父親は、「殆ど御息有るがごとし」である。やがて、一家親類が集まってきて、「葬儀」のことを相談しはじめた。

母親の最期を世話する

翌正徳五年（一七一五）に、文左衛門の母親は流行病に罹り、数日間の闘病で死んだ。文左衛門は「慈母」の病症についても、臨終に至るまで切迫感のある記録を残している。

この年の六月一〇日、母親は、「御腹中気味悪敷、御気色御不快」であった。これは、深更まで障子を開けておいたために体が冷えたためではないかと文左衛門は推測した。翌六月一一日には、「御腹くねくねとこはゞり、熱も少あり。昼八度。夜九度。水瀉《すいしゃ》（水のような下痢）也」という症状になる。腹部が「くねくね」というのは、激しく腹中で流動して、それが外部に見える様子であろうか。八度九度という体温の基準ははっきりしないが（体温ではなく水瀉の回数か）、熱があって、食事もしなかったので、医者の玄端に薬を調合してもらった。

六月一二日、「慈母、食あがり玉はず。くねくねやまず。一日卅度行玉ふ。夜別てくねつき廿度」。繰り返し襲う激しい下痢に身をよじってたたかう母親と、便所に通う回数まで見逃していない倅としての緊張ぶりが、「くねくね」とか「くねつき」という奇妙な表現から伝わってくる。この日は、終日、「めし」を三箸ちょっと、その外は時々「粥をあがり玉ふ」だけであった。昼に時々眠り、夜は眠ることができない。夜はお丸に排便する。医者の玄端が朝と申（午後四時頃）の両度診に来る。薬を飲んで、いよいよ「こはばる」ように感じられるのか「あがり玉はず」。母親の心身両方の微妙な反応を、文左衛門は臨終まで書いていく。

六月一三日。朝、玄端に診察させる。「参苓白求散《さんれいはつきゆうさん》」に「人参（朝鮮種）五厘」を混ぜて服用させる。「一日に卅五度、夜十八度」というのは便所に通う回数であろう。時々寝入る。薄い粥を少しずつ、夜までに四、五度「あがり玉ふ」。「未頃」（午前一〇時頃）にまた玄端がやってきて診察し、「別状なし」と診立てていろいろ説明する。夕方には、医師の柳川恭庵が来て、母親の脈・体などを診、今は「心元なき事なし」と診立てる。「不換金正気散」を「二貼」置いていく。「人参」はなしである。母親は、夜は快く寝入り、少し気分もよいほうである。文左衛門は、医者により、供の者にも酒を出したり、本人に吸物を出したり、朝鮮種人参もふくめ、種々の薬を調合してもらうなど、当面の出費を考えずに、可能な限りの看病を行っている。

六月一四日、午後、医者の恭庵が来て診察し、昨夜と変わるところはないと言い、薬を調合、今朝の薬が尽きたらこれを使うようにと言い置く。母親に午後気持ちのいいお通じが両度あった。母親も、腹に重い感じが残らず「よしとの玉ふ」。

今までは昼の間は便所に一人で行っていたが、これからは「しめし」（おしめ）で取ることにする。文左衛門らが提案したのであろう、「何と了簡《りようけん》にて」というから、母親がそれでもよいと応じたのである。文左衛門からすると、催して「厠《かわや》へ行には御急ぎ、御達者に見ゆ。是痢（下ること）急ゆへ也。御帰りには甚御草臥玉《くたびれたま》ふてい、予見るに忍びず」。見るにしのびないというのは、母親は、粗相をしないよう便所に駆け込むから行きは力があるように見えるが、終わって戻る時はくたびれ果てた様子だからである。

六月一五日は、朝から暮れまでに、排便（おしめ）三一度。昼までは気分良さそうで、応答もたびたびあり、見舞いがきた時も「長々と御口上」があった。粥を少しずつ二、四度。昼も熱あり。脈も不正常で、なんとなく苦しそうである。小便も時々。「御舌に白滞《はくたい》出来て、御物いひ悪敷、食物もあがりにくしとの給ふ。御腹こわばりて御せつなしとの給ふ」。

　医者恭庵が暮れ前に来て診察、なにも変わったことはないと説明する。病人が、薬が苦いとのことで飲まないと言うと、調合し直してくれた。夜、母親はこの薬を飲んだが、痞《つか》えであろうか、「御乳の下いたむやう」と少ししか服用しない。熱が出て、夜中よく眠れない。「御身の置に所なしとの玉ひ、ひたといねがへり玉ひ、しずかならず」。文左衛門は、この有様を「問《もん》（悶）乱《らん》とて悪症」と記している。足も冷えてくる。

　六月一六日、「御足」が冷えるようで、「御脈」も昨日より弱く、「御息」ぐるしく、「御舌白滞、そのほか御口中に出来たり」。そこで、蜜を母親の「御舌上」に塗った。朝は粥を食べたが、「身ふし（節）みくだくる（砕ける）斗草臥《ばかりくたび》れとの玉《たま》ふ」。水野正達という医者を迎えて診せる。重い症状と診立てる。薬をおいて又見舞うと言う。「巳比《ころ》」（午前一〇時頃）足がたいへんだるいので「三里」（膝下）に灸をしようかと言い、足をからげよと言うので、布でゆわえた。恭庵には、「病人好」みで外の医者に診せると伝える。文左衛門が、病人の希望を可能な限りかなえようとしている様がうかがわれる。

　新しい医者に草鞋《わらじ》銭を払う。母親は、固めの粥、味噌汁に大根おろし、山芋おろし、鰹出汁《だし》で食べたいとのことで、差し上げたが、甘いとのことで飲まず、粥だけ。顔色がどこやら悪く、足も冷ややかで、昼過ぎからは手も冷えてくる。便意二七度をこえる。「中半」（午後五時頃）脈がおかしいと周りの者が言うので医者を呼びにやる。医者が「御大切也。夜中不可過」と言った意味は、臨終の予告であろうか。

投薬で母親の手足が暖かになる。このあたり、文左衛門の記述も、症状や事の前後が理解しにくいのはやむをえないことであろう。見舞客が訪れて、「御うれしがりいろいろ御挨拶等有」というのは、まだ意識があるのである。しかし、夜玄端を呼ぶと、「最早無術《すべ》」というのは手のうちようがないという宣言であり、人参種の薬を飲むが、本人も「戌半過比《なし》《ころ》」（午後九時頃）には「其後薬あがるまじきとの玉ふ」。母親は覚悟を決めたのである。

「冷汗出れども、只々あつしとの玉ひ」、手足に衣服をかけると、取りのけて、体を何度も反転させる。「問乱にや」と文左衛門も疑う。「亥比《ころ》」（午後一〇時頃）から水を何度も欲しがるので、文左衛門や周りの者らが、紙を水に湿しては「御口」へ入れると「吸玉ふ」。「寅前」（一七日午前四時前）まで「時々痢下れり」。何も考えられないような苦しさの中で、母親は、酒にだらしない倅に対して「予に酒をのむなとの給ふ事両度」。これこそ文左衛門に最もふさわしい、母親らしい遺言だったろう。これには、文左衛門ではなく、周りに見守っている家族の者が「御案事あるまじ」と約束し、母親が「御うなづき玉ふが如し」と文左衛門には見えた。

母親は、意識ははっきりしており、この後も「もめんの嶋のよきふとん」を持ってこさせ、また時々「御物語」もあった。二回だけ錯乱的な「妄語」があった。「一つには、きわまりたるかとの玉ひ、一度はもをきよ（起きよか）との玉ふ」。熱と薬で「恍惚」となるためか、「御病中、度々死ることは定り也」と文左衛門が書いているのは、最後には死ぬということではなく、臨終までに仮死状態を何度も経験するのが定まりという意味であろう。

母親は、「只々苦しみなしに死たいとの玉ふ。果して少も御苦の躰なし。時々水々との玉ひ、且あつしとの玉ふ。子比《ころ》（午前零時頃）より御手足氷の如く」になり、汗さえも冷たくなる。文左衛門も、家族らも「御側に侍りて御手足をなでさする」。「寅比《ころ》」（午前四時頃）までは、応答があったが、それ以後はむつかしくなり、こちらからも言葉をかけず、「あなたよりもなし」。

「寅半（午前五時）より御脈絶、御片息ばかり也。漸々御息灯の消るが如く」になり、ついに「卯の一点比《ころ》」（六時一五分頃）息が絶えた。文左衛門は「彷徨《ほうこう》」し「悲慟《ひどう》」（大変悲しむ）した。

この夜、母親の周りに詰めた人数は一五、六人である。「夜に入段々御肉ひき、半夜より、御肘其外所々の御骨立、所々くぼみ、寅比《ころ》より御指の先ものびざるが如く御指一つゞゝ筋立分れたるが如し。御面相も替り、何角《なにか》に付、断腸一にあらず」というのが、文左衛門の最期の観察であり、心境であった。

当時、名古屋には痢病が流行し、文左衛門の母親もこれに罹ったのであった。翌日の埋葬後、「予御一生の間、不孝にして諸事御心にそむきたることのみにて今に至り切裂け(る)が如く、悔み悲み生質の愚悪なることを恐怖、差恥《さしはじらい》て如何ともすべきことなし」と反省に沈んだ。このような近世人の死の実際を知ると、「遺訓」「遺言」が白々しいものだったのではないかと思われるのであるが、それは逆であろう。こうした生々しい生死の別離の実相の上にこそ、遺言・遺訓のリアリティが保たれ得たのではないかと思われるのである。その遺言が、母親らしく酒の飲み過ぎを戒めるものもあれば、国を失わぬようにという国主らしいものもあるということである。

辞世の諸相

死に臨んだ者が最期の感懐を言い残す「辞世《じせい》」は、人として踏み行うべき道、家の運営、家来の使い方、親戚・同僚との付き合い方などを日安《めやす》書きにして教諭する遺訓・家訓よりも、もっと広く知られていると思われる。辞世の意味は「世を辞する」ということである。死者の世界に入っていく者が、生者の世界に言い残す感懐である。辞世のほとんどは、長短の短詞の形をとって、自分の生を愛おしんだり、死出の覚悟を述べたり、無念・遺恨の激情を吐き出したりする。感懐にはちがいないが、感情の幅は広く、強弱もあり、内容は多岐にわたる。

辞世と遺訓・家訓

遺訓・家訓は、戒め・諭しを趣旨としているが、辞世にあっては、訓戒は必須の要件ではない。辞世は、他人に対する教導の意志よりは、自らの生涯についての慨嘆、達することのかなわなかったことへの未練と無念などを吐露するものが多い。ただ、そういうものではあっても、そこから訓戒や待望を読み取って、後人が感動し、遺志を引き継ごうとすることはありえるし、実際そのように働きかける力の大きな辞世がいくつもあった。

辞世は、短詞あるいは短い言葉であるため、遺訓にくらべてより口承の形が多くなり、どれが辞世かを誤認していることも少なくない。また、後人の強い気持ちが働いて、最期の言葉として採録され記憶され、辞世扱いされていくものもある。たとえば、織田信長《おだのぶなが》が本能寺《ほんのうじ》で自死する直前に漏らした言葉とされる「是非に及ばず」というような文言である。また、死に臨んで残した短詩でなくても、最期を語るものとして、辞世扱いされることがある。大坂で客死した松尾芭蕉《まつおばしょう》が、宿屋で詠んだ「病中吟」の「旅に病んで夢は枯野をかけ廻る」は、名句として味わわれるだけでなく、辞世としても受け取られてきた。「秋深き隣は何をする人ぞ」のほうが死の直前の句であるとされるが、それは事情に通じた者のあいだでの知識である。

遺訓や家訓は、おおむね家族や集団の家父長が残すもので、社会的な地位と深く関係している。しかし、天下人《てんかびと》から庶民まで、身分にかかわらず残されている辞世は、個人的なものであり、「家長」「集団の長」だから残すというものではない。辞世は、身分の上下、男女を問わない。社会的な地位を失っている浪人でも、さらには反社会的な人間とされる者でも辞世が残される。たとえば、豊臣秀吉によって京都の三条河原で家族・部下とともに釜茹での刑に処された盗賊石川五右衛門《いしかわごえもん》の辞世と伝える「石川や浜の真砂はつきるとも世に盗人の種はつくまじ」などである。

辞世は、偶然もふくめ人が置かれた極限の状況の中での、悲運、非業、不条理の死と向かい合って生まれることが多い。戦国時代の武将、戦士、幕末の志士たちの辞世が数多く残るのは、悲運な死という、死のありようと結び付いているからである。内容に悲憤慷慨のタイプが多いのはそのためである。そうだとすれば、戦死ということがなくなり、病死で最期を迎えることが常態になった近世では、戦士の辞世という条件がなくなった分だけ、辞世を減らし、辞世の性格を変えることになる。

しかし、不慮不運の死は太平の時代にも免れないから、無念・遺恨の気持ちを詠む辞世がなくなるのではない。文人の平時の感慨のような辞世が数を増すが、これらにもひとしおの感慨というため息の強さはかならず下敷きになっており、それが読む者の新たな感慨を引き出し、いつまでも新鮮さを失わない。

先の松尾芭蕉のような旅路に死すという不運と「夢は枯野に」の句のような関係は、惣無事の社会にも起こりうることである。これもよく知られた、井原西鶴《いはらさいかく》の「人間五十年の究まり。それさえ我にはあまりたるに、ましてや、浮世の月見過しにけり末二年」も、走り続けてきた喘ぎ声のように聞けば、無事の世の生の重圧から解き放たれる想いとして納得できるのである。また、無事の世にふさわしい「作法」（武器不使用の強訴）をつくりあげた農民の抵抗様式である百姓一揆では、「殺身成仁《さつしんじようじん》」（身をころして仁をなす）を覚悟している頭取の処刑直前の辞世（とされるもの）はかえって増えるのである。

　辞世は、遺訓・家訓とちがって、生前に公表しては意味を持たず、死に臨んでか死後に見いだされるという臨死性が不可欠で、それが最後のものというところに意味合いが生まれる。形は、散文ではなく、目安形式でもなく、漢詩・偈《げ》・和歌（狂歌）・発句《ほつく》かそれに近い短型詩などである。「辞世文学」と呼べるような、独特の「死の自詩」が生まれたと言ってもよい。偈や臨終の心情告白からなる辞世は、中国に祖型があり、その意味で東アジア固有のものと言われる。文学研究者中西進によれば、辞世には二つの淵源があり、一つは中国の「臨刑詩」、もう一つが僧の「遺偈《ゆいげ》（終偈）」であるという（中西　一九八六・二〇〇九）。いずれにしても、日本では、日本の歌の形式があり、独自の味わいを持つ死出の告白詩が育ったのである。遺偈は遺戒偈頌《ゆいかいげじゆ》の略語で、むしろ遺言のほうに近いが、多くは禅の高僧が末期に後人に残す詩句である。ここには教諭性が大いに混じるが、暗喩が埋め込まれているから、難解であり、読み手の水準が読み方を左右する。近世には、遺偈の辞世はほとんど姿を消すと言われる。

辞世を、本人の作歌かどうかにこだわりすぎると、その意味づけにかえって行き詰まってしまう。周囲や後人が、それらしくつくった辞世であっても、その仮託の中に、辞世とその人物の生涯の両方のイメージが交錯して生まれた、近世人としての姿が表出されているのである。そういう意味で、本人作の辞世も他人作の辞世も、ともに鑑賞、吟味に値するのである。

「徳川家」への「殉死」辞世

辞世は無事の時代にも書かれるが、非常の状況での辞世が見つかりやすいのは、人の感懐の極まる契機が数々あるからである。私は先年小著〔深谷　二〇〇六〕で、川路聖謨《かわじとしあきら》を取りあげることがあったが、その中で川路の辞世も紹介している。

天津神《あまつかみ》に　背くもよかり　蕨つみ　飢えにし人の　昔思へば

慶応四年（一八六八）三月一五日、六八歳の川路は、割腹《かっぷく》したうえ、ピストルで喉を打ち抜いたと言われる。川路は、勘定奉行・海防掛兼職にまで昇進していたが、この頃は「中風《ちゅうふう》」の病身であった。その日は、新政府軍の江戸城総攻撃の予定日であった。川路の自決の動機は、不自由な身体のために足手まといになることを避けようとしたためとも、江戸城崩壊に象徴される幕府滅亡を目前にして、それに殉じたものとも言われる。また、ピストルを用いたのは、「中風」による自決の失敗を憂慮してのことだったとも言われる。

川路の自決は、謹慎中の第一五代将軍徳川慶喜《とくがわよしのぶ》に対する主従意識による殉死とは言いきれないが、「徳川将軍家」という歴史的存在への恩頼意識を堅持して自死したという点では、ほとんど「殉死」であった。川路は、辞世の句の横に、「徳川家譜代之陪臣《ばいしん》　頑民斎《がんみんさい》　川路聖謨」と自署した。「譜代之陪臣　頑民斎」という、口をねじ曲げたような自署から、聖謨の辞世に込めた心意、眼前の状況を受け入れないぞという決意を想像することができる。

　幕府要職を歴任した直参の川路聖謨が「譜代の陪臣」と自署するのは矛盾しているが、これは、川路の出自からくる。実父内藤吉兵衛は、九州の豊後《ぶんご》国幕府支配日田《ひた》代官所の「属吏《ぞくり》」であった。幕府代官が任地でしかるべき百姓のうちから任用する手代《てだい》的な役人だったと思われる。有能な人物だったのか、吉兵衛は聖謨が幼い時に公儀徒組《かちぐみ》に採用されて江戸に移った。軽輩だが、幕臣（御家人《ごけにん》）への昇進である。

　細かないきさつはわからないが、聖謨は一三歳の時に小普請組《こぶしんぐみ》旗本の川路家の養子になった。翌年、川路家の家督を継いで一四歳で当主となり、旗本身分に上昇した。養子縁組で身分上昇することは近世ではよく見られるが、川路が辞世に、「徳川家譜代之陪臣」と書いたのは、微禄の陪臣でさえなかった九州の代官所の「属吏」の家に生まれたことを言いこめようとしたもので、自決と合わせれば、卑下感ではなく、徳川家への恩頼感の大きさを表そうとしたものと理解すべきだろう。

川路が家督を相続した旗本家は小普請組であり、非役（無役・無勤）の旗本・御家人の一員であった。江戸城関係の役務で新任の者が必要になると、この中から採用されるが、ふだんは公務のかわりに小普請金《こぶしんきん》という役金の上納を義務づけられている。こうした家では、跡取が役職に就けるよう家族中が切望するのは当然で、一八歳で勘定所筆算吟味役《ひっさんぎんみやく》に採用されるまでは、就職のための辛酸を嘗《な》めつくしている。一七歳の時に「支配勘定出《しゅつ》役《やく》」という役職を願い出てから、毎日、勘定奉行柳生主膳正《しゅぜんのかみ》・服部伊賀守、吟味役岸彦十郎の登城前に、その私邸に出向いて採用されるのを根気よく待った。

柳生主膳正は正月元日から大晦日まで逢ったという。逢っても採用するわけではない。未明に家を出て、暮に帰るような奔走の毎日をおくったのである。それぞれ離れた所に住んでおり、遠い家は一里半（六キロ）もの先にあった。聖謨の就職については、川路家の養父、内藤家の実母がことのほか心配をして、神仏への祈願に心をこめた。養父は、好きな酒を三年間も断ち、実母は、寒中に水垢離《みずごり》を続けてくれた。

川路の辞世の意味は、難解ではない。「蕨つみ飢えにし人」というのは、「東アジア古典古代」の孝行と仁に関する「聖人」逸話で、後世の人びとの行動律として影響を与えた。殷《いん》の時代末期の孤竹《こちく》国の王の長男伯夷《はくい》と三男叔斉《しゅくせい》は、親の国王の、三男に位を譲るという遺言を守って譲り合い、ついに国を捨て――国人は次男を国王にした――、周《しゅう》の文王の評判を聞いて周へ向かった。すでに文王は亡くなって、子の武王が帝辛《ていしん》（殷の帝辛紂王）を討つために軍を率いる途次に出合った。

二人は武王に父親が死んで間もないのに主君である紂王を討つのは不孝、不仁であると説いたが、武王に聞かれなかった。そこで二人は、周の粟を食べることを恥とし、首陽山に隠れて薇《ぜんまい》などの山菜を食べて生き延びたが、ついに餓死した。「蕨つみ飢えにし人の昔」というのは、当時の儒教的常識を一通り身につけていれば、誰にでも理解できる「神話」である。日本近世では、一七世紀の徳川光圀《みつくに》が兄弟の長幼《ちょうよう》の関係について大きな影響を受けた話がよく知られている。

幕末の川路聖謨は、兄弟の序列ではなく、武王の不仁の粟を口にしないというところを引き出し、「天津神《あまつかみ》に背くもよかり」と詠んだ。「天津神」はいうまでもなく「天照大御神《あまてらすおおみかみ》」を権威の源泉にする、「王政復古」を掲げて徳川氏の江戸城を滅ぼそうとしている新政府のことである。辞世は、自身の一生についての感懐を読んだものが多い。その目から見れば、眼前の「政治情勢」を読み込んで、自決する自分の意気地あるいは主張を言い残したものとして希少な、そして非常の辞世であると言える。

無事の世の近世的な辞世を強調しながら、続けて非常の辞世を取りあげるのは矛盾しているが、百姓一揆の指導者の辞世は見ておきたい。辞世は上下・男女を問わないと述べたが、農工商の辞世は多くない。多くの中下層の庶民は、辞世も家訓も残さない。しかし、百姓一揆で処刑される場合には、辞世が残されることがある。

百姓一揆が残した辞世

宝暦一一年（一七六二）の上田藩百姓一揆（「宝暦騒動」）は、規模の大きさから「全藩一揆《ぜんぱんいっき》」として特徴づけられているものである。横山十四男がこの一揆の「義民」について詳しく調べた結果をまとめた『上田藩農民騒動史』〔横山　一九六八〕によると、一揆の発頭人《ほっとうにん》であり、藩から頭取として処刑された信濃国小県郡《ちいさがたぐん》浦野組夫神《おかみ》村組頭浅之丞、同村百姓半平の二人が、処刑の直前に辞世を残している。

上田藩「宝暦騒動」は、この二人の相談を起点にして発現していったことがわかっている。全藩一揆としては、金納相場や定免制《じょうめんせい》、特産物賦課《ふか》など、古い年貢増徴策とは異なる重課政策に抵抗するもので、一八世紀後半の社会相を反映しているが、ここでは一揆の背景や一揆主体の議論には立ち入らない。また、処罰は二人のほかの指導者たちにもさまざまな科刑があり、数年後の藩主交代による大赦で出牢した者もいるが、これについても立ち入らない。

二人の辞世には、同じ処刑の場面で詠まれたとする異なる歌がある。上田藩を揺るがした全藩一揆の「宝暦騒動」にはいくつもの百姓一揆物語が残されているが、その中の「上田騒動実記」には、指導者が処刑される場面で辞世を高らかに詠み上げる場面がある。

百姓半平は、

長生きは娑婆《しやば》ふさげとて今日ははや浮世の隙を春の曙

組頭浅之丞は、

終《つい》にゆく栖《すみか》は西の空なれど先《まず》さきがけて道知るべせん

という辞世を詠み、立ち会いの役人はじめ、周りにいた者らを感嘆させたという。しかし『上田騒動甚秘録』という実録のほうでは、斬首ではなく磔刑とされ、処刑直前に、百姓半平は、

いさぎよく散るや此世の花ふぶき

と詠み、組頭浅之丞は、

散る花はむかし誠の習いかな

と詠んだという。この記録では、半平に「干甫」、浅之丞に「久和」という俳号さえつけられている。自治体史『小県郡史余篇』がこちらを採録したのは、おそらく「散る」ということが主題になっているとしても、調子の高さ、軽やかさ、仏教臭の薄さ、などからで

図6　寛政一揆の指導者町井友之丞，森惣左衛門，多木藤七郎の碑（三重県津市榊原町，海泉寺）

あろう。

二人の辞世については、本人のものとする方向に傾いた評言があるが、異なる辞世が見いだされる以上、それについての言及もともなわなければならない。それに二つの実録は、斬首、磔という処刑の形でも異なっている。いずれにしても、当人が処刑の場で詠んだ辞世とすることにはむつかしさがある。しかし、世間がそのような内容を望んだということには真実味があり、その意味で百姓一揆の指導者の辞世なのである。

武士の切腹にせよ、一般悪人の処刑にせよ、死に際のひと言、あるいは引き回しの途次でのひと言を残すことは許されると言われるから、辞世もその範疇に入るものとして考えることができる。おそらくそれは、人権観からくるものではなく、怨霊観、つまり死後の祟りを避けるという意識にもとづくものと思われる。また、一揆の指導者は、表向きは暴徒扱いされていても、藩士や領民のすべてがそのように見なしていたわけではない。処刑の際にも、最期の言葉を託すやりとりが成りたっても不自然ではない。

信州農村の一八世紀後半の「在村文化」状況として、百姓身分の者が俳諧や和歌をたしなむことも増えてきていたので、俳句や和歌を詠んでもおかしくはないという見方もある。一揆実録作成者の作だとしても、辞世を残すことがいかにもありえることという世情がなければ、無意味な付会《ふかい》になるだけである。ここでは、どちらが本物かという判断は留保して、百姓一揆の頭取が自ら作句したか、あるいはそれらしく実録作者が作句したかのどちらかによって、現代に至るまで一揆頭取の辞世が残されているという事実のほうを重くみておきたい。

もう一つ、寛政八年（一七九六）の伊勢国津藩の全藩一揆の際の頭取の辞世を取りあげておこう。この百姓一揆については、私もずいぶん以前に調査し、一書にまとめたことがある〔深谷　一九六九〕。しかし、その頃の私には、百姓一揆は「非和解的な階級対立」をもとに不可避的に発現する「階級闘争」であって、一揆実録『岩立茨《がんたちばら》』が収録する次のような頭取の辞世を認識する視座がなく、見捨てたままにしておいた。

『岩立茨』はその末尾に、「因《ちなみ》に、一揆帳本三名の辞世なりとて、民間に伝ふるものを記す」とし、

八対野　藤七

筑波山葉山も山（も）散はて、色なきもとの山と成行
　　　　川口　宇（宗）左衛門
罪障《ざいしょう》も功徳とかはる御仏の教うれしき法《のり》の旅立
　　　　谷杣　友之丞
難有き君が恵の一太刀に罪科《つみとが》きえて弥陀と顕る

と余録の形で紹介している（『編年百姓一揆史料集成』第七巻）。八対野・川口・谷杣はそれぞれの出身の村名である。かっては、この歌を書き付けた塵紙のようなものが地元に残されていた。この三人は、処刑された頭取で、ほかに牢死した頭取もいたが、ここでも一揆の内容には立ち入らない。「階級闘争」論の見方からは、二首めや三首めの「うれしき法の旅立」とか「君が恵の一太刀」などは、抑圧を肯定した心境として納得しにくいものであった。

しかし、「百姓成立《ひやくしようなりたち》」論の視角へしだいに私の見方の重点が移りはじめると、そうした意識の動きがありえることとして想像の範囲におさまるようになった。一揆百姓の怒りは郡奉行に対しては激しいものだったが、藩主に対するものではない。この年、藩主は江戸参勤中で、そのことも眼前の藩政とは切り離される理由になったろう。「藩権力」という概念を使えば、藩主の命を奉行が執行しているのだが、現実の社会ではその受け取り方

は一通りではない。君主に対する恩頼感を失わないままに、不惜《ふしゃく》身命《しんみょう》の覚悟で藩政に対抗する一揆の頭取を引き受けることが矛盾なく成り立つのである。

上田藩一揆の場合と同様、この三首がそれぞれ本人によって詠まれたと考えているのではない。諸事、実際のこととして書きたがる一揆実録でさえ「民間に伝ふるもの」として紹介しているのである。だが、民間に伝わる辞世は、民間の心情で受け入れられる範囲にあるものである。そのように見れば、近世人の社会意識を議論する素材として十分活用できるはずである。

女性俳人の辞世

無事の世のものらしい辞世として、江戸中期の俳人、加賀《かが》の千代《ちよ》の辞世をあげておこう。

千代は、加賀国松任《まっとう》の表具師福増屋六兵衛の娘として元禄一六年（一七〇三）に生まれ、一八世紀後半に死んでいる。一二、三歳の頃奉公に出たというのは、当時各所に見られる庶民女児の身の振り方であるが、口べらしの奉公というよりは、行儀作法を身につけるというほうに比重がある奉公だったと思われる。

千代は、奉公先の加賀国本吉北潟《きたかた》屋の主人であり、俳号もある俳人岸弥左衛門に俳句を教えられたという。一七歳の頃、芭蕉の弟子で諸国行脚中の各務支考《かがみしこう》の宿に出向いて弟子入りを願い出、「ほととぎす郭公《かっこう》とて明にけり」の句を詠んで才能を評価されたといういきさつも、たんなる女中奉公の立場では考えられないものである。ただ、各務支考と早い時期に出会えたのは、千代の好運であった。

各務支考は、芭蕉からその過ぎた通俗さを戒められるところがあったが、世間的な人気は大きく、そういう支考から認められたことは、千代が俳句の世界で知名度を高める有利な条件になった。千代については、句についても伝説的なものがあり、私生活も確定できない部分が多いとされている。人口に膾炙《かいしゃ》した「朝顔に釣瓶《つるべ》取られてもらい水」ほか、作句一七〇余は疑われていない。生前に自ら『千代尼句集』などを刊行している。

千代に辞世があるのは、近世の文化人の少なからぬ者が辞世を残そうとしたことに連なるもので、平常の辞世とだけ扱うのでは説明不足のところがある。しかし、戊辰戦争《ぼしんせんそう》の中で、「なよ竹の風にまかする身ながらもたわまぬ節もありとこそ聞け」と詠んだ会津藩国家老の妻西郷千重子の辞世を筆頭に、自害に際して次々と辞世を詠じた会津藩武家女性たちの非常の歌とは異なるものである。加賀の千代女の辞世は、

月も見て我はこの世をかしく哉

である。号は素園、絵画でも一家をなし、句集も『千代尼句集』以後、『四季帖』『松の声』などを刊行しており、地方文人の域を超えて、同時代にすでに知られた文化人であった。辞世の意味は、したがって十分に生きた感懐ということになろうか。語の切れ方はい

ささか不自然だが、やはり「をかしく哉」であろう。「かしく」だと、月を見上げる時の傾いた姿勢で生の世界を見ている、シニカルな眼ということになろうが、無理を感じる。むしろ花鳥風月を愛でるという、無事の世の人間らしさで、世の不自然で非常の事象に対峙しようとしているという生き方、そして死に方をひそかに主張している辞世、と読んでおきたい。

文人たちの辞世

すでに芭蕉や西鶴の辞世に触れてきているが、俳人千代女に続いて、いく人かの近世文人たちの辞世を紹介しておこう。彼らは、たしかに人生の送り方という点でせっぱ詰まった緊張、高揚を経験し続ける人間たちだが、大枠は非戦の時代の平常の生き方であり、幕初幕末の戦士・国士の悲憤慷慨タイプの人格ではない。

文政一〇年（一八二七）に死んだ俳人小林一茶は、

　たらひからたらひにうつるちんぷんかん

という辞世を残した（中西　一九八六・二〇〇九）。赤子を清める産湯の盥《たらい》で生を始め、遺骸を清める湯灌《ゆかん》の盥で生を終わる。二つの盥の間に自分の一生があったのだが、それが何だったのか、よくわからんという句である。「ちんぷんかん」（珍紛漢）、「ちんぷんかんぷん」（珍紛漢）は、江戸初期からよく使われた言葉で、「わけがわからない」という意味である。中国人やオランダ人の言語が理解できないことで代表させるが、「代みやくはけつくちんぷんかんを云」という笑句のように意味不明のことに広く使う。一茶がことさらに珍しい造語を工夫したのではなく、なんでもない世間の言葉で感懐を表現したのである。

幕末の志士高杉晋作《たかすぎしんさく》は、「おもしろきこともなき世をおもしろく」と自ら詠んで、そこへ枕頭の野村望東尼《ぼうとうに》が「住みなすものは心なりけり」と付けたとされるが、前半だけにせよ望東尼の介添えを入れて一句と見るにせよ、やはり「意志性」を感じさせるもので、洒落のめした一茶の辞世とは違うところがある。洒落のめした句だから意味がないというのではない、それは、放浪、家族紛争を重ねて、それでも大きくは平時の生涯を無事におくり終えたと言える近世人の、最期に深く唾を飲み込むような感懐の表現であると言えよう。

辞世は歌の形式が中心だから、和歌や俳句の専門家には用意しやすいところがあるとも言える。戯作者であっても、散文だけ書くということはなく、歌を織り込んで場面を進めていくことが多い。『浮世風呂《うきよぶろ》』や『浮世床《うきよどこ》』を書いた後期の戯作者式亭三馬《しきていさんば》は、辞世も滑稽本《こっけいぼん》に似て、「善もせず悪も作らず死ぬる身は　地蔵笑はず閻魔叱らず」を辞世にして、この世への名残りを感じさせないが、辞世に名残りを僅かににおわす者も、当然のことだがいた。

われも秋　六十帖の　名残かな

は、柳亭種彦《りゅうていたねひこ》の辞世である〔中西　二〇〇九〕。種彦は『修紫田舎源氏《にせむらさきいなかげんじ》』が代表作で、たいへんな人気を博した。古代に託した江戸城大奥の男女の情景は、庶民の興味に大いに応える題材であったが、御政道向きにかかわるものとして、司直《しちょく》による弾圧のおそれが当然あった。おそらく、直参《じきさん》旗本の家に生まれた種彦は、江戸城政界を覗いてみたいという自分自身の憧憬や興味を捨てきれなかったのであろう。この作品は、けっきょく天保《てんぽう》の改革の中で絶版の処分を受け、それがこたえたのか間もなく没した。六〇歳であった。それを「六十帖」と表し、名残りの気持ちを込めたのが、先の辞世である。

死なない死者たち

死者の居場所と形

本書は、歴史を動かしてきた力の半分は生者が出し、もう半分は死者が出してきたという見方に立っている。「遺訓と辞世」の子孫に対する影響力が死者の働きの中心をなすという理解を基本において、「政

死者を消滅とみない生者の願望

治文化」論の視角から死者の働きを知るというのが本書の視座である。しかし、死者の働きを「遺訓と辞世」だけに閉じこめると、日本社会の実情にそった、さまざまな死者に関する事象が見逃されてしまう。徳川家康《とくがわいえやす》の遺訓は大きな威力を発揮したが、その威力は、家康が「東照大権現」「神君」という「神格」であったことと切り離せない。

人を神に祀る近世日本の習俗については後に述べることにして、ここでは、死者の場所と形を取りあげたい。死者は、どこに居て、どんな形で生者の行動や思考に影響を及ぼし

てきたのか。一般に生者は、死去を境に死者がいなくなったとは考えようとはしない。遺訓や辞世が実効性を持つのは、死者がどこからかその言葉を発し続けているからだと、生者は思おうとするからである。眼には見えなくなったが、形相を保つある種の「実態」として死者が存続していると、生者の側は思おうとするのである。

この集合的な心性は、少なくとも日本では変わらずに推移してきたと見てよいだろう。もちろんまったく同じというのではない。そして、そうした心性を、政治の「行政」、経済の「経営」、教育の「学科」に全面的に直結させることは、もう一方で身につけてきた「合理」の知力が阻んでしまう。

死者が消滅すると考えないことは、近世だけではなく近代・現代、そして今日でも大枠では変わっていない。自然災害や不慮の事故で家族や同級生や同僚を失った人びとは、犠牲者が死者になったことは認めても、「天国」や見えない「どこか」に存在していると思おうとし、そのことを言葉にもする。一年たっても二年たっても死者に向かって自分の思いや、時には自身が達成したことを報告しようとする。周囲も、親族や友人たちが死去した親しい者と、生きている者とのように話し合っている情景を見ても、それを不可解な行動とは思わない。ただし、親族・親友と周囲の者では、死者がどこかにいると思いたい感情の度合いと量がそれぞれにちがうであろう。

「他界」「遠行《えんこう》」などの言葉は、中国の古典にも日本の古い文献にも見ることのできるものである。それらは、「他界に移る」「今日他界」「御他界」などのように使われている。「遠行」も、「御遠行」「遠行なり」とほぼ同じように用い、「遠行」とは「往生」のことと説明する記事もある。そもそももっと広く生活用語になっていた「往生」「極楽往生」などという言い方も、存在の場を異にするという見方であって、死者が消滅するとは考えない表現である。およそ、宗教的な人間観は世界的大宗教でも、地域的なあるいは特定集団だけの民間信仰でも、死者の消滅を想定するものはない。

死者が消滅しないとしても、それがどのような「形状」をしているかについては、生者の側は食い違いの多い「想像」をさまざまにめぐらせてきた。「人型」もあり「非人型」もありの、およそ想像力の限りを尽くして、死者のイメージを引き寄せようとしてきている。そうした未練がましさがまた、遺訓にせよ辞世にせよ、死者の声に敬意をはらう根拠ともなってきたと言える。

古代人の「黄泉」と近世人の「幽界」

近世人の中に、国学者の目を通して古代人の死者の世界のイメージが持ち込まれた。それが「黄泉《よみ》」の世界像である。黄泉は、地下の泉であり、また地下の死者の意味であるともされる。黄泉は、古代日本語の地下の泉を表す「よみ」で、漢語の同様の意味である「黄泉」を読んだものだともいう。それは自然の景観を表すだけだったようだが、地下の

図７　幽界（『民家要術』）

死者を表すようになったのは、転意である。ここでは、さまざまな異なる解釈には深入りしない。おそらく、死者が地中に埋められ地下に朽ちていくことを、そのまま死後のあり方とみなし、かつ消滅というのではない方向に思念を整えようとした時代に形成された死者の世界のイメージが、黄泉であったのだろう。それを、「醜《しゆう》」と見たのも、古代人の率直な観察眼であったろう。

ところでこうした「他界」観は、あくまでも「古代人」の「他界」観であって、日本の神話・古典研究からそれを導き出した国学者本居宣長《もとおりのりなが》にしても、それが「近世人」の「他界」観であると主張したわけではない。かりに宣長がそのように考えたとしても、広く一般的な「近世人」の「他界」観であったとは言えない。というのは、「近世人」は、人間の奇談、人間のほかの存在もふくむ怪事・怪談にことのほか敏感で、多種多様の記録、作品、演劇脚本などがこの時代に生まれている。それらの怪事・怪談の中には人間の死者に関わることも数々あるが、「他界」からの甦生譚《そせいたん》でも地下の「黄泉」からの再生を言うものはほとんど見られないからである。

しかし、同じ国学の中からも、「黄泉」のイメージと異なる「異界」イメージを提示する立場があった。その代表は、平田派国学である。平田篤胤《ひらたあつたね》は「異界」と、死後のありようとその救済のされ方を正面の研究課題に据えた。のちに復古神道・平田神道と呼ばれる篤胤の神道論は、人びとが受け入れやすい「民俗」的な「他界」観に通底するところがあった。篤胤にとっては、死後観としての「他界」論の次元をこえて、そもそも「異界」あるいは「神仙界（仙境）」が実在し、そことの往来を生身のままで行うこの世の人間さえ存在するのである。篤胤が、その「異界」経験譚を聞き取った「天狗小僧寅吉」や「勝五郎」などの少年たちがそうであった。そういう世界の全体の活動のしかたを、平田篤胤は説明しようとしたのである。

学問の神として「クエビコ」（田圃《たんぼ》のカカシ）を尊崇した篤胤は、自己の学説を、村役人・豪農商・宗教者などの知的欲求を持つ社会的中間層に対して意識的に発信しようとする巷間の学者であった。平田国学には、死後の門人が多かったが、幕末の「荒廃」と村役人層が実感している村の立て直しのために、彼らは「黄泉」イメージではない、「異界」

観を提示して、村民の生活への戒めとした。

下総《しもうさ》国香取郡松澤村の世襲名主宮負定賢《みやおいさだまさ》は、平田篤胤門下の熱心な求道者だったが、その長男定雄《やすお》も、平田塾に入門した。篤胤が神仙界研究に深入りしていく時期の入門で、その頃の篤胤の思考は定雄に対して強い影響を及ぼした。定雄は、幕末の関東農村のかかえる難題に直面して、その解決の方策と篤胤の幽冥《ゆうめい》学を結びつけた。というより、篤胤の幽冥学は、こうした時代・地域の解決課題に答えようとするものであった。

宮負定雄の著作の一つ『民家要術《みんかようじゅつ》』（天保二年〈一八三一〉。『近世地方経済資料第五巻』）では、「黄泉」は「豫美の國」と表記され、「鬼魅疫神凡《すべ》て禍神《まがつかみ》」の居るところとされる。それら「禍神」が「荒《すさ》び来る」のを村の入り口で祭事して「里の無事」を祈るのが「村長の持前」、つまり課業である。こうして守られた村の中で、家々の先祖の霊を祭り、その霊すなわち先祖の冥福を祈る。「死して幽冥に入りても」というから、死後は「幽冥」に移動するのである。宮負が描いている挿絵から見れば、変型はあっても「人形」のままである。

死者となった先祖は、「現界」の子孫の祭りをうけ種々の供物が多ければ「福神」となる。そして「福神」として、子孫を豊かに守り幸せにする。反対に、子孫が先祖を祭らず手向《たむ》けの物も供えなければ、先祖の霊は「幽冥」で困窮し、「現界」の子孫を守ることができない。

この「異界」観は、「現界」と「幽冥」とのきわめて密接な呼応・往来関係を物語っている。このような「異界」観が宮負にとって受容できるのは、一つには村役人ないしは村運営の立場からの日頃の憂慮による。さまざまな村の難題があるが、ここでは「間引《まびき》」による村の人数減少が問題になっている。近世後半の関東農村では、これが広がる傾向にあり、村役人層を悩ませていた。

宮負は説く。「幽界」を治めるのは大国主神《おおくにぬしのかみ》で、「御子を百八十神」も生んだが、「間引」ということをしたことがない。「間引」とは、せっかく「幽界」から「現界」に生まれ出ようとしている者の命を、そこで無体に絶つことであり、「幽界」に押し返す行為なのである。

生まれ出ようとしている「赤子」たちは、神（大国主神）の命令で「現界」に生まれて、やがては男女の情愛を通じて見んとも思っていたのに、無理やりに思いが断たれたのである。「間引」をした者が死んで「幽界」に行けば、そのことを怨まれ、疵をおい、たとえ逃げても「現界」に実子がいないから、手向けもなく「幽界」での飲食が乏しい。ついにはそこで「貧乏鬼」になり、長く苦しむことになる。たまたま「現界」に生まれ出ることになっても、前世の報いで踏み殺され、幾度生まれ変わっても「間引」されてしまう。また、「間引」をすれば、神の「御罰」により「善神」の地位を除かれる。自分が「現界」で踏み殺した「赤子の霊」が手足に嚙みついて離れない。逆に、子を多く育てた者は、死んで「幽界」に入っても大国主神の「御賞」を受けて、「神の御用を承る神」となり、それに「現界の子」たちが毎日、「香華酒肴種々の供物」を手向けてくれる福神となり、「幽界」から子孫を守り長く頼みとなり、たまたま「現世」に生まれ出るときは「富貴の家」に生まれて栄える。

宮負は、自分で描いた挿絵として、「徳行の夫婦福神に成たる図」と「子間引したる夫婦貧乏鬼に成たる図」を対比させているが、「幽界」の先祖は人形であるだけでなく、その周りの情景も「現界」に似ている。宮負定雄のこうした生者と死者の呼応・交流イメージは、平田派国学の土台になっている「異界」「他界」論である。仏教の因果応報・六道《ろくどう》輪廻《りんね》の考え方に似ているようで、もっと簡便で、現世利益論をひっくり返したような応報論である。

儒教の孝行論や仏教の慈愛論を組みこんで、常識の思考で受け入れやすい道徳の支配する「他界」論になっている。生者と死者は、ほとんど隣り合っている存在であり、ただ目に見えないだけである。これは、今日も生き残っている「盂蘭盆《うらぼん》」の死者や先祖の考え方と通じているものである。というより、平田派国学は、この領域において、民間社会が長い年月をかけて「民俗」として醸成した最も平均的な「他界」イメージを、「学問」として表現し直したものでもあった〔中川　二〇一二〕。

近世人が記録した蘇生譚や幽霊譚

江戸中期に、御家人身分から立身して公儀勘定奉行、江戸南町奉行などの職を歴任し、加増を続けて千石の旗本になった根岸鎮衛《しずもり》（一七三七〜一八一五）は、周囲から聞いた話を書き留めて、『耳嚢《みみぶくろ》』という随筆集を残している。この中に、根岸は、多くの怪異談を書き留めている。怪異は人間以外の生き物や物品と関わって起こる場合もあるが、人間の物語として、死の世界から立ち戻ったり、死の世界への別れ際に挨拶に訪れたりする死者の事例も各所に書かれている。

根岸は、その身分や職歴からうかがわれるように、この時代の平均的教養を十分に持っていた人物である。好奇心の強さは人並み以上であったろうが、事物の真偽曲直については十二分に健常の感覚を持っていた。つまり、そうした怪異譚・流説は、近世社会の誰もが口にし、耳にするものであった。

平田篤胤が熱心に採録し研究した「異界」体験を生み出す土壌も、この社会の中にあったことが『耳嚢』からうかがわれる。「巻之二」に紹介された話は、「鄙婆、冥途へ至り立返りし事」である。直参《じきさん》小林家の老女奉公人が急病で死んだが、「甦生」したという〔岩波文庫)。ほどなく「快気」して、次のように語った。

誠に夢の如く、旅にても致し候心得にて、広き野へ出けるが、何づ地《い》へ可行哉も不知。人家あるかたへ至らんと思へども方角しれざるに、壱人出家の通りける故呼掛ぬれど答へず。いづれ右出家の跡に付行たらんに悪敷事もあらじと、頻りに跡を追ひ行しに、右出家の足早くして中々追付事叶はず。其内に跡より声を掛候ものありと見て蘇りぬ。

話の中の出家は死者を死の世界へ誘う者であり、後ろから聞こえたのは現世に引き戻そうとする者の声である。この話を、根岸は知り合いの幕臣から聞いたという。

もう一つ、「巻之九」にある「蘇生奇談の事」を紹介しよう。文化七年(一八一〇)七月のことだという。御三卿《ごさんきょう》田安家《たやすけ》には馬飼い六人がいたが、その一人が、「霍乱《かくらん》」で終日苦しんだあげくに死んだ。相部屋の馬飼い傍輩《ほうばい》らは、急病とはいえ何の薬も与えなかったのは残念と、上役に申し出て近くの医者が診てくれた。しかし、すでに事切れて時間も経ち、遺骸も冷たくなっており、療治を断られた。

傍輩らは、もっとものことだが薬一つも与えなかったというのは心苦しいので、「御薬」をいただいて無理にでも口にいれてやりたいとせがんだ。そこで医者は薬を置いて帰った。傍輩らが煎じ薬を口を割って注ぎ込んだところ、「二、三時」(刻)経って息をし始めた。医者の療治も頼み、全快した。傍輩らが、「その節、いかなる様子なるや」と尋ねると、次のように答えた。

最初わづらひ付候節、其くるしさいわん方なく、夫《それ》よりは夢中と成り、何か広き原へ出て向ふへ行んとおもひしに、二筋に道分れあり。一つは登り坂、一つは下り坂なれど、下りの方嶮岨《けんそ》にしていかがなれば、登り坂の方へ行べしとおもひしに、ふと本郷辺町人の娘に此御馬飼心を懸けしこと有けるが、彼の娘に行逢ひ、互ひにひとりにては心細く、連立んといふに同意なしけるが、彼娘は下り坂の方へ行べしと申論じ立別れしに、向ふの方より紅衣着たる出家一人来り、汝は何方よりいづかたへ行《いく》や尋ける。あらましを語り、我は死せし者にもあるやと申ければ、汝おもひ残す事も無きやと申ける間、何も思ひ残す事は無けれど、いまだ在所に両親もありて久しく逢ひ不申間、是へ対面いたし度よしを咄ければ、然らば帰し可遣とて、跡へ戻るおもひしに、何か咽《のど》に湯水様のものがつくりと内へ入て蘇りし。

この蘇生譚も、まだ死者は死の世界へ到達しておらず、そちらへ伴おうとする娘、未練を聞いて現世へ戻す出家が死生を分ける働きをする。根岸が紹介する蘇生譚はほかにもあるが、この話が詳しいほうである。このような蘇生譚が近世人に受け入れやすい平均的なものとすれば、平田篤胤が採録したような「異界」体験、「異界との往来」可能な人間とは、そうとうに程度の異なるものである。ほんとうの「異界」体験ではなく、死にきれず彼岸に到達しなかった、暫時の死者体験である。

蘇生譚は、人間の体を保ったままでの体験だが、蘇生ではなく、死を受け入れてなお、現世の関係者に恩愛、遺恨などから人の姿で立ち寄ったり、文言を述べたりするのが「幽霊」である。この現象も近世人はありえることとしていた。根岸は、さらに帰郷の思念が人魂《ひとだま》となって生家の棟を徘徊する話も採録している。人型と人魂の違いは、思念の強弱、名分の高低、距離の遠近などによると考えられる。

根岸が「巻之二」に「幽霊なしとも無極《きまりなき》事」という見出しで採録したのは次の話である。見出しは、幽霊がいないとは決めつけられないという意味である。この話は、天明二年（一七八二）のこととして、「町屋娘」が、相手は武家か町家か、一子を産んだが産後の患いで、小児を近くの町家の「里子」にした。その女は養生かなわず身罷《みまか》ったが、その夜、里子に預けた家へ、門口から挨拶をして入ってきた。里親は、小児を寝かしつけていたが、「能《よく》こそ来り給へり」と里子を抱いて親に見せた。女は、「さてさてよく肥り成人いたしたり」と、抱きとっていろいろ世話をし、「さてさて可愛らしく成たる者を捨て別れんも残念や」と言うので、里親夫婦は、気づいて「右女子は大病の由聞しに、いかが不審なる事」と思ったが、日暮れて人影も定かでない時分になったので、火を灯した。女は小児を返して、挨拶をして帰っていった。その翌日、親元から娘が昨夕病死したと知らせてきた。

「母子の情難捨、心の残りしも恩愛の哀れ成る事」と、これは根岸にいきさつを話した医師が述べた言葉である。医師でも江戸町奉行でも、この程度の不思議譚はないとは言えないと思っているのが、近世人であった。

このように出合った者に疑念を抱かせない幽霊は、子供への情愛という、いわば「情の名分」が死者の側にあるからだと思われる。

死んだ弱者・敗者が生者の世界を動かす力

本書は、遺訓・家訓や辞世が生者の世界を牽引するのが近世的な死者の働きであり、それは東アジアに通有の政治文化の表現であると考えている。しかし、日本の歴史は「東アジア」性と「日本」性の矛盾し合う一体性からなるとも考えている。社会が共有する死後イメージにも、合理的な知力と意思的な情熱に支えられたものと感じさせる遺訓・家訓、辞世・遺偈もあり、また他方に、常軌を失った遺恨や恩愛の感情に引きずられたものと受けとられているものもあって、「世間」はその多様な現れ方を受け入れている。常軌を超えた感情は、日本社会の風土と溶け合って育ったものという面だけでなく、弱者・敗者に持つことのできる、誰にも統御できない「武器」という面がある。弱者・敗者はこれを力にして自己を主張し、非業・敗残の死後は幽霊や人魂・業念となって特定の生者に報復し、総体として生者の世界に影響を与えるのである。

先に父母の看取りの記録を残した元禄時代の尾張藩士朝日文左衛門を紹介したが、この文左衛門は怪異・怪奇の現象についてもこまめに筆記し、一つ一つについての自分の見方を付記している（『鸚鵡籠中記《おうむろうちゅうき》』）。文左衛門は、武家奉公人が夜「異物」に出合って驚き「病患」になったというような話を聞くと、それは藪へ捨てた古紙が竹の梢《こずえ》に引っ掛かり、たまたま下を人が通った時に「ごはごは」と音を立てて顔に当たったのだというような「合理」的な説明をこころみる人間であったが、そうした解釈では説明できない事象があることも認めていた。理詰めを好むようになりながら、超常的な働きも承認するというのが近世人の不思議に対する態度であり、文左衛門がことさらに覚めた目を持っていたというのではない。

元禄一二年（一六九九）七月二〇日の記事に、玉置市正が「心神」が尋常でない病症に罹り、自家に引き籠もってしまったとある。この原因について、召し使っていた女の憎しみから生まれた「生霊《いきりょう》」のせいとする噂を採録している。その女がたいへん容色がよいため、父親にもらわれ妾となり、市正の継母となった。その後、市正の元に戻ったこともあるという。ほかの召し使いの二人の女たちも市正の異常に合わせて、「口走りののしり」という状態になった。「生霊」が市正の異常な行動を引き出していることに対抗するため、僧侶が退散祈禱を行ったが、逆に僧侶が負けて転倒してしまうという。文左衛門は、原因とされるものをにわかには信じていないが、怪異の現象として否定しきれないものを感じている筆致である。

元禄一六年二月四日頃として、文左衛門は、大沢無鉄が「死霊《しりよう》」に悩まされる話を記している。大沢は、先年、召仕の女を叩き、死なせた。それ以後大沢は女の「幻」を見るようになった。年末から煩い、元日も自宅を嫌がり、熱田に出かけて、その地で越年した。文左衛門は、「死霊」というが、「老耄《ろうもう》」のせいではないかと付記している。

いずれにしても、死霊・生霊の話が口の端にのることが間々見られ、それらは社会の弱者が産み出すもので、人型や人魂《ひとだま》ではなく、いわば強迫観念のごときものである。

正徳四年（一七一四）三月一六日には、妻を離別した男に嫁いだ女が、離別した女の「生霊」に悩まされて、「心神不安」におちいり、人目を忍んで「自殺」しようとしたが、見つかって止められた話を載せている。いずれも怨念や嫉妬が生み出す憑依《ひようい》の力で、この場合も、人型でもなく人魂でもない。不可視の思念である。

一七世紀には、古くからの怪談が「百物語《ひやくものがたり》」のようにさまざまな広がりを見せ、かつ板行《はんこう》されるようになったことで社会の恐怖、忌避《きひ》の感覚を共有のものにしていった。朝日文左衛門や根岸鎮衛らが記録した、いわば「実録」の怪談奇談はそうした想像の怪談奇談の土俵のうえで真実味を持っていた。

先にも述べたように死者が消滅するということについては、二一世紀の今日でもそのように思いたがらない集合心性のようなものが生きていると判断してまちがいないと思われる。しかし、幽霊や人魂などについては、近世から近代へかけて時間が移るにつれて変化が少しずつ進むように思われる。

近世から近代への移行を自身が体験した噺家《はなしか》三遊亭円朝《さんゆうていえんちょう》の幽霊話には、その変化が影響していると考えられる。円朝は二一歳、安政六年（一八五九）頃に『累《かさね》ケ淵《がふち》後日の怪談』（岩波文庫）を「完成」したが、明治維新後、『真景累ケ淵《しんけいかさねがふち》』と演題を改めた。よく知られていることではあるが、「真景」は「神経」の意味で、怪談の主役幽霊の存在を世間が信じなくなり、見たという経験者にそれは「神経病」のせいだと見なすのが近年の世相だという意味を込めたのである。

そもそも円朝の「累ケ淵」は因果応報的な殺人が次々と起こっていくことに主題があって、幽霊らしいのは金貸し宗悦の姉娘志賀だけという作りで、怖いのは幽霊ではなく、人の世の「因縁」だという「仏説」的な見方である。

そうして見ると、死者の消滅ということでは、現代に至るまで根本的な変化がないとしても、超常的な死者の変容に関しては、世間的な意識は変わってきているということになろうか。このことは、弱者・敗者の復讐力が減退するということでもあるのだが、彼らの社会的な主張力が別の形になってくるということでもある。ちょうど「実力行使」の領域が狭まっていくと同時に「法制力」の領域が拡大していくように、霊力の規制力の弱まりは法制力の強まり、つまり保護力の伸長と裏腹の関係になると想定されるのである。

「神格化」と「成仏」

死者を神や仏にする営為

遺訓・家訓の政治文化を論じた際に徳川家康の『東照宮御遺訓（書）』を紹介したが、そこで当然ながら「東照宮」という言葉を使っている。死者になった徳川家康の遺訓というだけでなく、「東照宮」「東照大権現」「神君」という「神格化」した者の遺訓であることによって、生者の世界への影響力もより大きくなると考えられているのである。

「神格化」は、生者の世界を死者が動かす力はどのように維持されるかを考えるうえでも見落とせない問題だが、本書はまだ「神格化」については議論を進めていない。あらためて、「神格化」と言われてきた事象を取りあげてみたい。

日本史学では、これまでも「神格化」についての議論の歴史がある。古くは、国家論の

図８　東照宮唐門

観点から論議された。ことに「近世化」の移行期に、織田信長《おだのぶなが》・豊臣秀吉《とよとみひでよし》・徳川家康などの「天下人《てんかびと》」が神に等しい存在になろうとしたり、実際に神号を得て「神格化」したりしてきたため、その経緯と意義を探ろうとしてきた。信長が自らを神になぞらえたという宣教師の記録や、豊臣秀吉が「豊國《とよくに》大明神」として「豊國神社」に祀られ、徳川家康が「東照大権現」の神号で各地の「東照社（宮）」に祀られた史実が、「政治史」研究の興味あるテーマの一つになったのである。

家康の「神格化」についてはあとにあらためて踏み込むことにして、もう少し一般的な事情や研究者の関心に目を向けておきたい。近年、近世における「神格化」について精力的な研究を進めているのは高野信治である。高野は「武士神格化一覧・稿（上・東日本編）」などの論考で、武士の「神格化」の事例を全国的に収集する作業を進め、そのデータを公表してきた〔高野　二〇〇三〕。そして、「近世大名家〈祖神〉考―先祖信仰の政治化―」〔高野　二〇〇七〕において、「武士に着目するのはいわゆる人神《ひとがみ》の事例に武士階層が多いことにも因る」と述べている。もう一つ、武士の性格の歴史的変化を、「神格化」を切り口に考察することをあげている。

「御霊《ごりよう》」信仰と「義民」信仰の二系列を重視しつつ人を神に祀る営みを長期的にとらえようとした研究も重ねられている〔佐藤　二〇〇八〕。小沢浩は、以前から江戸時代の「人神」信仰を、幕末の民衆宗教や近代天皇制の属性の一つとしての「生き神」信仰と関係づけて論じてきている〔小沢　二〇一〇・二〇一二〕。

本書も「神格化」におおいに興味を抱くものだが、「人神」の議論には、抜け落ちていること、あるいは視角の偏りがあると考えている。というのは、仏になることをまったく視野の外においたままだからである。広い意味では、神道系の神になることも仏教系の仏になることも、「神格化」の範疇に入れてよい。ただ、日本史の「神格化」論は、神道系の神格に死者を昇華させることを指しており、誰もそのことを疑わない。そして、そこで視野が閉ざされる。

しかし、仏になるほうはごく当然のことで、神になることのほうが際だった歴史的特徴だったと言えるだろうか。私見では、庶民の一生まで視野に入れれば、仏になることも近世的な特徴だったと思われる。現在ではすたれてしまった生活用語あるいは慣用句に、

「後生《ごしょう》」を用いた言葉が数多くあった。「後生顔」、「後生一生」、「後生一編」、「後生思」、「後生善（好）」、「後生楽」、「後生菩提」、「後生気」、「後生心」、「後生善処」、「後生を願う」、「後生願」、「後生願の六性悪」、「後生だから」、「後生が悪い」、「後生一大事」、「後生大事」、「後生盗人」、「後生種」、「後生は徳の余り」、「後生より今生《こんじょう》が大事」などなどである。

ポルトガル宣教師の編んだ『日葡《につぽ》辞書』も、「後生」「後の生まれ」「後生を助かる」「後生菩提の勤めなす」「今生《こんじょう》後生ともに」などを採録している。したがって戦国期には、日常語の一つになってきていることがわかるが、江戸時代の言葉として現れるもののほうが多い。

仏教は古代以来日本になじみ、往生極楽を願望する浄土信仰の広まりは一〇世紀には公家社会に広がっている。しかし、それは文化史的には特筆されることであっても、仏教はなお公家や武家の間でのことであって、村落武士や百姓が暮らす場で、近世的な様相で社会化されているとは思われない。戦国時代に、蓮如《れんにょ》などの活動で浄土真宗が教勢を広げたことが知られているが、法話を聞く草堂《そうどう》のような施設は増えてきても、村に寺があって一般の村民家族までもが寺檀《じだん》関係で僧侶定住の寺経営を支えているであろうか。特段の由緒、勢力を持つ一家・一族が氏寺のように菩提寺を支えているというのが、村の世界での仏教寺院のありかたであろう。死者の埋葬は、土地の習わしにしたがって村人の手で行われ、堂宇《どうう》を廻村する形で逗留する僧侶が、あらためて葬儀を行うというものであったろう。ただそういう中で、ふだんは住持のいない村持ちの堂宇も増えてきつつあるというのが時代の流れだったと言えよう。

近世では、キリシタン禁制政策による宗門《しゅうもん》改《あらため》人別帳《にんべつちょう》作成の全国化によって、寺檀関係が結ばれ、菩提寺を持つことが普通になった。上層は別にして、村の平百姓が墓碑を立てることは一七世紀中葉以降、いわゆる「近世農村の成立」とともに進むとされており、土地によっては一八世紀に入ってからとされる。つまり、寺縁《じえん》による成仏が、「近世化」とあわせて「国民的経験」になっていくと考えられる。「神格化」で日本的な神号を与えられるとしても、仏教との所縁が切れるのではない。菩提寺は別にあって、そこでは仏縁による戒名《かいみょう》がおくられ、「成仏」することがふつうである。神仏習合の習慣にしたがって本地仏《ほんじぶつ》がともなうこともある。

それだけに、日本的な神になる「神格化」がなぜあえて行われたのか、が考えられなければならない。神と仏の違いは何なのか。両方が必要とされた根拠を考える必要がある。大まかに私見を言えば、仏よりも神のほうが、隠れていても生者の近くに常在しているという「神格の特性」が、当時の人びとに感じられていたからであろう。「西方浄土《さいほうじょうど》」に去ってしまうのではなく、生者の近くの「幽界」に浮遊して、生者になにくれと「手を貸す」死者のありようは、「神格化」によって可能となったのであろう。

神号を得るような「神格化」は特段の人間に限られる。しかし、事々しい手順を踏まなくても、庶民も「亡者」となって「成仏」するだけでなく、生者の近くの「幽界」に浮遊して、子孫を見守り続ける「神格化」の手続きを無言のうちに行っているというのが、近世的死者だったと考えられるのである。そうでなければ、新盆《にいぼん》のような年中行事は広がらなかったであろう。

「天下人」たちの「神争い」

井上智勝によれば、吉田神道《よしだしんとう》で知られる吉田家は、国家・宗教界に対して大きな影響力を発揮し、「神使い」と呼ばれたりした〔井上　二〇一三〕。吉田家は、唯一神道論に立脚して「神祇管領長上」と称し、「武家政権」の制御の外にあって全国の神社・神職を支配下においたという。

「天下人」たちの「神格化」の進み方を見ると、吉田家の「神使い」の機能をも組みこんだ、「神争い」の様相を呈している。本能寺で織田信長を討った明智光秀《あけちみつひで》も、いつと日時を決めることはできないが、神になった。非業の「御霊神」である。福知山のような光秀の経略地では「善政」の記憶が残され、それに無惨な敗死の記憶、悲運の死者としての「祟り」への畏怖が綯《な》い交《ま》ぜになって「御霊さん」となり、「御霊神社」が生まれたという。

明智光秀を滅ぼして天下争いに勝った豊臣秀吉は、光秀を「祟り神」化させる力にもなったのであり、その意味で「神争い」に勝ったのである。

秀吉の最末期の環境は「朝鮮侵略」（壬辰《じんしん》戦争）と「豊家存続」の難題で幸せなものとは言えなかったが、非業の死を遂げたのではない。「祟り神」になる謂われはなかった。吉田家の主導で、唯一神道では最も格式の高い「大明神」とされ、後陽成《ごようぜい》天皇から「正《しょう》一位《いちい》豊國大明神」の神階と神号を「勅許」され、「豊國社」に祀られた。こうした場合、天皇は「神号宣命使」を派遣するのである。

だが、秀吉は、大坂の陣の後、徳川家康に「神争い」を仕掛けられて敗れた。戦後処理の一環として、家康は、「豊國社」を縮小して移転させ、修理を禁じたので、おのずから神社は荒れはて、神社の神主は浪々の身になった。「豊國社神宮寺」——神仏習合思想に基づいて別当（社僧）が神社を管理する寺——も他の寺に組みこまれた。

一般に神は人の上位に置かれるが、勝者敗者という関係になれば、「敗者の神」は「勝者の人」によって粛清される。敬われなければ神も社も、ただの物である。もっとも家康に中絶させられた豊国社は、明治維新を迎えて天皇の勅命で再興されたから、「神争い」は後日談までみなければ全貌はわからない。

家康は、近世国家の勝者として、もとより「祟り神」にならなかった。井上の解釈では、よく知られている「遺体は久能山《くのうざん》に納めよ。葬礼は江戸の増上寺《ぞうじょうじ》に申しつけよ。位牌は三河国大樹寺に立てよ」という家康の遺言の意味は、久能山で吉田神道の方式で久能山に遺体を埋め、その上に社を建立し、神に祀ることを命じたものだという。そこまでは、「天下人」としての「神格化」の願望、あるいは宣言である。

だが、神と言っても、名称と機能はいろいろある。ただ鎮まるだけではない。生きている身で「神格化」を望むとすれば、なおさらである。家康の遺言は、「一周忌を過ぎたら下野国日光山に小堂を立てて勧請《かんじょう》せよ。関八州《かんはっしゅう》の鎮守となろう」と続いた。近世初頭では、武将の移動は遠隔に及び、寺や墓所を変え、改葬することがままあった。近世に入っても、改葬によって似たような菩提所の移動が起こったりする。家康が死後日光山へ改葬されたこと自体は、珍しいこととではない。

家康の遺言は、「勧請」であった。「勧請」とは「分霊」である。日本では「遺骨」だけでなく、「死者の霊」も各地に小分けすることができる。「分霊」と「分身」はほとんど同義である。このことを考えてみると、霊的存在は自由自在に浮遊できる存在ではなく、生者の希望や意思に束縛された、あるいは規定されて存在し、関係の生者が生きている限り持続できる。したがって日光山への「勧請」とは、久能山の家康神霊の「分霊」であり、家康自身も「小堂」でよいと命じていたが、それが遺骸の転葬のイメージで後世記憶されてきたのは、徳川権力内部の「神争い」によるところが大きい。

　家康の「神格化」は、秀吉との「神争い」に勝ったというだけでなく、「神使い」の吉田家と山王一実神道《さんのういちじつしんとう》（法華経《ほけきょう》に基礎をおく神道。山王は比叡山延暦寺《ひえいざんえんりやくじ》の地主神）の天台僧天海《てんかい》（当時、喜多院住持、日光山貫首で大僧正）との間に神号をめぐる軋轢《あつれき》が生じ、天海が吉田梵舜《ぼんしゅん》に対する「神争い」に勝つという副産物的な結果をともなった。家康が死ぬと、生前から神になることについて家康から相談を受けていた吉田梵舜（吉田家の次男として氏寺――菩提寺――の神龍院に入り社僧）、文教・宗教政策に関して家康の信頼がある金地《こんち》院崇伝《いんすうでん》（禅宗臨済《りんざい》宗南禅寺《なんぜんじ》）や天海らのあいだで協議が始まった。

　梵舜は、秀吉の「神格化」にも深く関わったが、「豊國社」の廃絶にも家康の命に応じ、家康の「神格化」についても大きな役割を演じた。つまり、遺骸の久能山埋葬、霊廟の営みなどを、梵舜が吉田神道の祭式で進めた。崇伝は仏僧だったが、神道については唯一神道の吉田家を信頼していた。梵舜が推した神号は吉田神道の最高位の神号「大明神」であり、崇伝も「大明神」にこだわった。近臣であった本多正純《ほんだまさずみ》も「大明神」を推した。ちなみに梵舜は、唯一神道を代表しているが、その身は神龍院に属する仏僧でもある。習合型の神道でなくても、仏教の影響を免れないのが神道であった。

　ところで、家康の神号は、現在でも広く知られているように「東照大権現」、神位は正一位である。家康は、死が迫ると三池典太《みいけてんた》作の佩刀《はいとう》で罪人の試し切りを命じた。これは吉田神道による「神格化」の儀式と言われる。梵舜は、家康に伊勢神宮、大嘗祭《だいじょうさい》など、神道について講義したという。家康は、久能山の墓所の神像を西国鎮護のために西に面して安置せよと命じたと言われ、自己の神霊としての役割を死ぬまで思い詰めていた。

駿府《すんぷ》城で元和二年（一六一六）四月一七日に死去した家康の遺骸は、即日久能山に移された。二日後の一九日に、梵舜の教導で吉田神道の祭儀が行われた。しかし、久能山では天皇から与えられる神号は、未定であった。家康の遺言を聞いたという三人のうち崇伝と本多正純は吉田神道の明神号を支持したが、天台宗僧侶の天海は、権現として祀れという遺言であったと反対した。この遺言は疑わしいとされているが、天海の執拗な主張が通り、天台宗の教義による「山王一実神道」（東照宮神道とも）という仏教神道の祭儀で日光山に改葬されることになった。家康に対して、正一位と「東照大権現」（詳しくは山王大権現・摩多羅神を加えた東照三所大権現）の神階・神号が勅許されたのは、久能山から改葬される際のことである。

権現とは仮に現れるという意味で、家康の本地仏である薬師如来のはからいで東照という神の姿をもって現れたとする本地垂迹論《ほんじすいじゃくろん》の神仏習合思想に立つものであった。家康は、遺言で指定した増上寺では、「安国殿」に「安国院殿徳蓮社崇誉道和大居士」として葬られている〔深谷　二〇〇五〕。つまり、神仏両世界にまたがっていた。また後に多用される「神君」は、中国では儒教の聖人、道家で祀る神を指し、東アジアにつながる語である。

「神争い」に勝った「天下人」家康の遺言は、日光山に「小堂」を命じるものだったが、宗教者間の「神争い」に勝った日光山貫首天海の主導で大々的な霊廟世界が日光山に構築された。それでも、それは「東照社」（大権現社）、つまり「社」号の水準にあった。これを三代将軍家光が朝廷に奏請し、「宮」号の勅許を得て東照宮になった。各地に東照社が増えつつあったが、日光東照社の「宮」号化によって、いっせいに「東照宮」に昇格した。人（死者）が神になる「神格化」は上下諸身分に及んでおり、その意味では、日本社会に広がる信仰習俗と呼応しあうものだったが、「天下人」たちの「神争い」としてみれば、家康は近世での絶対的な勝者になっていったのである。

神を創り出す社会力

死んだ人間を僧侶の引導で成仏させるだけでなく、神道系の神に祀ることは、「天下人」や上級武士だけでなく、農工商民衆にも及ぶ習俗であった。「天下人」の「神格化」に当たっては天皇が神号と神位を発給したが、じつは近世では社会が天皇にも公卿にも関係なく、吉田家にうかがうこともなく、自ら神号ないしは神社名を作り出して祀ることが各地で見られた。

それらは、人あるいは人の功績を記念するもので、神社といっても祠《ほこら》もないような状態で大石を置いて「何々宮」などと名づけて維持していく場合もあった。神仏判然としない供養塔の場合もある。しかし、仏的な神格であっても個々の家の仏壇に囲い込まれるものではなく、あくまでも地域の「公益」を代表する神格なのである。「神格化」のこうした社会力（信仰習俗）の上に、天皇の神号・神位発給という「有職故実《ゆうそくこじつ》」化された儀式が成り立つことができたと考えるべきだろう。もう一歩進めれば、幕末の不安の中で各地に登場した、いわゆる「民衆創唱宗教」（天理教ほか）は、こうした民間社会の「神創り」の社会力を前提にするものと言ってよい。

村々が、生活地域の「地方巧者」として追慕する民政家を神に祀ったり、神に似た崇敬対象にすることは、各地で見られた。武蔵国多摩郡の農家に生まれ、農政活動の一生をおくった川崎平右衛門《かわさきへいえもん》は、死後、地元の住民によって「大明神」に祀られている〔深谷 二〇〇六〕。平右衛門は、由緒百姓の家筋に生まれ、名主として勧農活動や救済活動に励んだ。公儀の寺社奉行であり、同時に関東の広域農村行政（「関東地方御用掛《じかた》」）を担当していた大岡忠相《おおおかただすけ》は、元文三年（一七三八）の凶作の年、武蔵野新田（畑地）を所管する幕府代官上坂安左衛門から、難局の打開方法について相談を受け、百姓代表を相談に加えることを助言した。その時選ばれたのが、名主《なぬし》川崎平右衛門であった。

平右衛門は住民の生活状態を「仁義礼智信」の五段階に分けて救済策を練り、元文四年、褒美の銀一〇枚とともに「苗字帯刀《みようじたいとう》」を許された。「家」（川崎家）ではないが「人」（川崎平右衛門）として「士分化」が認められたのである。大岡は、さらに平右衛門を「役料十人扶持《ぶち》」の「手代格《てだい》」で「新田場世話役」に任じ、下役二人を付けた。

平右衛門は、陣屋に下役を常駐させ、水利・開墾・堤防植樹・製薬稼ぎなどで成果をあげた。寛保三年（一七四三）、三万石を支配する「支配勘定格」に挙げられ、「三十人扶持」を給されて、大岡忠相の指揮を直接に受ける立場になった。平右衛門の実質的な支配石高は五万五〇〇〇石余の範囲に及んだ。

関東で成果を残した平右衛門は、寛延三年（一七五〇）美濃《みの》国の郡代の支配下に入り、本巣《もとす》郡の本田陣屋に赴任した。自身の支配範囲は四万石に及び、治水を中心に働いた。宝暦四年（一七五四）、正式に本田陣屋代官に任命され、世禄《せろく》百五〇俵を給与された。「川崎家」が、武士身分に上昇したのである。宝暦一二年には石見《いわみ》銀山領代官に転任、実子も石見銀山大森代官になり、孫も幕領代官になっている。平右衛門自身は、やがて「勘定吟味役」に昇進し、将軍御目見《おめみえ》が可能になる「布衣《ほい》」（武家礼服）の着用を許された。平右衛門は、老衰で七四歳の生涯を終えている。

平右衛門の墓は、生地の武蔵国多摩郡押立村の龍光寺だけでなく、四谷の長善寺、石見国大森の龍昌寺の三箇所に設けられた。平右衛門のかつての支配地では追慕供養が行われ、下役が常駐した多摩郡関野新田陣屋、入間《いるま》郡鶴ヶ島村三角原陣屋には、平右衛門を記念する石祠《せきし》が建てられた。ここで、平右衛門の事実上の「神格化」が行われたとしてよいが、寛政一〇年（一七九八）の二五回忌の際、石祠に「武蔵野御救《おすくい》氏神《うじがみ》川崎大明神」という神号が刻まれた。そして、関東郡代伊奈《いな》半左衛門と一緒に記念する謝恩塔も建てられ、かつて勤めた美濃では、川崎家の太刀を埋めた上に墓石を建て、彼を助けた手代とともに祀られた。川崎平左衛門は、武士身分に「身上り」しただけでなく、死後は神の位に上がったのである。そして出身地の川崎家では、その菩提寺に葬られて成仏している。

天明飢饉以後、惨状の克服をめざした寛政改革の農村政策の中で、現地で苦心した農政家を祀る動きが現れた。村々の、今後への立ち直りの覚悟の表明でもあったろう。利根川以北の北関東では、いわゆる「農村荒廃」が顕著で、「入百姓《いりびやくしよう》」（農民移入）や育児の手立てをふくむ田地再開発、家数・人数増加策が取り組まれた。そういう施策に立ち働いた代官を、事後あるいは死後、顕彰するか「神格化」して祀ろうとした。顕彰と「神格化」の距離はたいへん近いもので、受け止め方次第という程度であった。一、二言及しておきたい。

老中首座《しゆざ》松平定信《まつだいらさだのぶ》は、いわゆる「本百姓再建策」で代官の赴任、執務する在地陣屋を設置して、農村復興に当たらせようとした。江戸定府《じようふ》の伝統を破る新しい政策であった。

定信が老中の坐から失脚しても、この政策は廃棄されず、代官の在地赴任が続いた。下野では、山口鉄五郎、竹垣三右衛門、岸本武太夫らが農政の第一線を担った（『栃木県史通史編通史編5　近世二』）。

都賀郡吹上村に陣屋をおいた山口鉄五郎については、大田原《おおたわら》に「蒲盧《ほろ》（善政）碑《ひ》」という顕彰碑が残されている。竹垣三右衛門については、二ヵ所に「徳政碑」が設けられた。美作《みまさか》国の大庄屋家の五男に生まれた岸本武太夫は、寛政五年に下野の幕領支配代官になった。武太夫については、その育児仕法を徳として支配下の百姓が子供養育の願いをこめて祀った「子育て明神」がつくられたが、これは別名「岸本明神」と呼ばれてきた。明神と呼んでも、吉田家の儀式に則って命名されたのではなく、百姓の世界に広く受け入れられている尊崇すべき神号なのである。

「義民」と神格化

「義民」顕彰と呼ばれる事象は、紹介してきたような、天皇の神号発給、吉田家の神号推薦などと直結しない生活の場で、生活者たちが神を創り出す社会力の発現の一つである。生活者は先にも見たように、必ずしも「民」にこだわるのではない。代官すなわち「官」――広義には官も民である――であっても、生活地域に利便をもたらした人物、用益を守ってくれた人物、生存保障のために身を犠牲にしてくれた人物などが、「神格化」の対象になるのである。近世では、大名が「神格化」されることがあるが、これは大名家・一門《いちもん》や家中《かちゅう》が中心に行い、神社が設けられ、やがて城下の町民の祭礼になって定着するものである。長州藩では領内の村々に「殿様祭り」が広がっていたが、この場合は、村役人層が藩の統治と自村の秩序とを結びつけようと努めた結果だと考えられる。

「義民」（ときに「義人《ぎじん》」）という言葉は、近世では使用に制約のある言葉で、それが噴き出るように使われるようになったのは明治時代に入ってからである。また明治時代には自由民権運動が盛り上がったから、それと結びつけて「民権家」と言われることも始まっている。ただ「義」という言葉は、「忠義」「義士」などの言葉を持っている武士でなくても、農工商の世界でも「義理」（生活用語として「義理堅《がた》い」「義理搦《がらみ》」「義理捌《さばき》」など）とともに、人間関係を律する大事な倫理概念であって、ほとんど日常語になっていた。

「義民」を、狭い郷土の誇りの伝承にとどめず、「学問」にしたのは横山十四男『百姓一揆と義民伝承』〈横山　一九七七〉、『義民』〈横山　一九七三〉や保坂智『百姓一揆と義民の伝承』〈保坂　二〇〇六〉などである。横山は、宝暦一一年（一七六一）の上田藩百姓一揆を軸にして、時期ごとに地域差を重視しながら百姓一揆の起こり方と義民の数、形を関係づけようとした。保坂は、義民を百姓一揆の枠に限定せず、かつ処刑による怨霊型の義民イメージからも解きはなって、五七二件の義民が確認できるとして、その統計的な分析をこころみた。保坂は、「義民伝承」ではなく「義民物語」という用語を使用し、事件の実否を超えたところで、義民の創られ方と性格を検討している。義民の四分の三が百姓一揆から、ほかの四分の一は村間《むらかん》騒動（山論《さんろん》・水論《すいろん》）、村方騒動《むらかたそうどう》、普請《ふしん》や蔵の開放、隠田《おんでん》などから出ているという。

「義民物語」について言えば、保坂は、それぞれの騒動からしだいにその言説・姿が帰納されてくるのではなく、ある時一挙に創造されて、それが各地の義民イメージに結びつけられていくという。そのことを、「佐倉惣五郎《さくらそうごろう》」の物語の生まれ方、広がり方で江戸期・明治期を通して詳細に論証している。このような「義民物語」もふくめて、実録をうたう「百姓一揆物語」が、仁政待望の「太平記」の構造と近似していることを指摘したのは若尾政希である〔若尾　一九九九〕。

百姓一揆から「神格化」への動きが起こる事例を一つだけあげよう。寛政八年（一七九六）の冬に起こった伊勢津藩の惣百姓一揆《そうびゃくしょういっき》では、事後に何人かが発頭人《ほっとうにん》とされ、牢死を免れた三人が斬首刑に処された。この一揆を記録した百姓一揆物語である『岩立茨《がんたちばら》』（『編年百姓一揆史料集成第七巻』）は、

頭取の面々。川口村　森宗左衛門
八対野村　多気藤七

谷杣村　町井友之丞

此三人、此度一揆の帳本人たるを以て刑せられ、数万人の百姓の命に代りたり。爰《ここ》を以て世の諺に右三人を世直し大明神と称して、人皆是をしむ。

と叙述する。頭取は処刑されるが、「世直し大明神」と呼ばれるようになったという。この「実録」は一九世紀前半文政年間（一八一八～一八三〇）に成立したと見られているから、一揆後二、三〇年後までには「世直し大明神」という神格認識が世間で広まっていたということになる。現在残されている顕彰碑は、二〇世紀大正年間（一九一二～一九二六）のものだが、顕彰の流れは一揆後間もなく始まったとしてよい。

ただし、この百姓一揆は百姓が領主に「勝利する」ことを目ざしたものではない。逆に領主の「仁政」を望んだのである。この一揆では、郡奉行を中心として政務担当者が多く処罰されたが、参勤交代で江戸滞在の藩主（藤堂氏）との関係は次のように理想化された。『岩立茨』によれば、打ちこわしなどの損害を受けた者に対してはそれぞれに「償《つぐな》ひ」が下げ渡され、一揆を招いた「新令」（改革の諸政策）はことごとく破棄された。質地《しっち》に入っていた「田畑山林の証文」は元どおりに「持主」に戻された。「鰥寡孤独《かんかこどく》」（身寄りがない）・「多子病難」の者たちには「御救米《おすくいまい》」が下され、「九十歳以上の高年者」に対しては「御米・御料理」が下され、「あまねく仁政」がほどこされた。

そのため「毎年五穀豊作にて、四民業を楽しみ、昇平の化に浴す」世の中になった。それ以後は「米価」も安くなり、「御代《みよ》万歳と祝したる」という「目出度《めでた》」い状況がおとずれた。そして最後に、この百姓一揆物語は、「一揆帳本《ちょうほん》三名の辞世なりとて民間に伝ふるもの」を紹介して、全文の末尾としている。三人の辞世は、先に本書一二二ページで紹介している。下からの「神格化」とは、こうした世情の転換を可能にした大きな犠牲、あるいは日常を超える力能の発揮と組み合わされた、周囲の人びとの集合的な想像のシンボルなのである。

江戸時代の自死

自死の主張

近世の自死

本書は、遺訓・家訓の政治文化という見方を中心にして、死者の働きを考えようとしてきた。遺訓・家訓を尊重するとは、同時に「遺徳」によって後代を導き守ろうとする政治文化でもある。私は、そうしたあり方を日本だけでなく、東アジアの広地域に似たり寄ったりのかたちで息づいてきたものと理解している。ただし、広域にわたる共通性を言うことだけでは説明できない、日本史の個性という角度からもいくつかの要素を指摘してきた。

そうした普遍と個性の交錯が散見される死の事象に「自死」と「死穢《しえ》」がある。普遍と個性との交錯とは、日本史固有の色合いが強いが、東アジア的なものの伝来から始まったものも混じっており、さらにはもっと遠い他の広域世界と類似している要素も見られるというようなことである。

　自死は遺訓・家訓と大きくちがっているように見えるが、自死もまた、その死者が生者の世界に力を及ぼす点で通底している。遺訓・家訓をともなう覚悟の自死もあるが、自死の影響は教訓性だけではない。社会的に忌避され排除されるような自死であっても、縁類者や所属していた集団にとっては、意味のあるメッセージが託されることがある。教訓ではなく、遺恨の記憶と復讐の遺志を伝える自死もあるからである。自死は、どの社会にもあり、その限りでは東アジアの特性でも日本史の特性でもない。したがって近世にのみ見られる事象でもない。しかし自死のあり方には、社会の個性、時代の形質が現れる。近世では、自死を意味する言葉に、「自害」「自決」「自刃《じじん》」「自裁《じさい》」「切腹《せつぷく》」「縊死」「心中」「割《かつ》腹《ぷく》」などがあり、それぞれの言葉が身分や状況と結びついていた。当時の人びとは、それらの言葉を考え込むことなく使い分けたのである。

　自死には、追い詰められた状況がかならずともなうが、それは社会的弱者として追い詰められたものばかりと言い切ることはできない。社会的強者もまた、抜き差しならぬ立場に追い詰められて自死を選ぶことがある。自死は、かえって強調された自己主張の形態であることもしばしばである。近世にかぎらず広く目を配ると、政治的抗議のための自死行動では、「非暴力主義」を標榜する立場であっても、「焼身自殺」や高所からの目につくための「投身」、政庁門前での屠腹《とふく》など、実力行使に近い方法が選ばれる。今も世界では、「自爆テロ」と呼ばれる攻撃的な自死がある。第二次大戦以前の日本では「一人一殺主義」と呼ばれる、自死を覚悟して要人襲撃を行う、日蓮《にちれん》宗系血盟団の国家主義的政治行動があった。

自分の身体を社会から抹殺・消滅させようとするかのような弱者の自死も少なくないが、これもまた、完全な自己放棄に終わるものではない。そこからなんらかの主張を読みだすことが可能である。片隅に生きた無名の弱者の自死でも、自己弁明の主張が潜められている。「心中」のような、行き場のない情死でも、当事者たちが貫こうとしたある価値が隠されている。また社会の中には、そうした敗者に対しても共感を示す人びとがかならずいるものであり、その痕跡が思わぬところに発見できることもある。

そのように、多少はあれ、同情や共感はどんな死にも恵まれているのが人間の社会であり、また大乗仏教の影響の強い近世日本では、男女とも身分を問わず「成仏」できると考えるのが平均の死後観になったのだが、それは死が平等をもたらすという意味ではない。平等の「成仏」は彼岸のことであって、此岸の現世では死者は死後にも生前の社会的な立場の枠組みのうちにある。加えて、自死の形や目的などから評価の序列化が生じる。やがてそれらを加味した身分コードが付着し持続する。制度的な序列化でないとしても、立派な自死、勇敢な自死、反対にみっともない自死、卑怯な自死など、自死者が周囲や社会から受ける評価の幅は、生者と同じほどに広い。もっとも評価は全体をおおいつくすことはなく、かならずと言ってよいほど他方に異なる評価が生まれるものである。

自死は、現在の日常語としては「自殺」である。自殺は「近代化」や「現代化」によって医療技術、メンタル治療・救急治療をふくむ健保技術が上がってもなくならない。日本では、今も自殺は死因の中で大きな比重を占めている。自殺は、当人が死ぬというだけの事件ではない。一般に、自殺は当人の近縁者五人以上、勤めていれば職場など百人以上に影響を与えるとされる。おそらく近世においては、現代以上に、自死の当人と周囲への影響は大きかったであろう。なぜなら自死が、その個人が所属する「家」や親戚、さらにはそれをこえた役職・身分集団、「村」「町」などの存続や名誉にとって決定的とも言えるほどの条件になったからである。「詰め腹」というような言葉があるのも、そうした条件のもとでの犠牲的な自死が見られたからである。家や所属・関連集団の存続のための無理強いな自死が、その語の背景にある。

殉死と服忌令

殉死の殉は従うという意味で、この語はすでに中国古典に現れる。意味は、主君の死に従って、あるいは追って臣下などが死ぬことである。殉死者を葬ることを殉葬というが、卑弥呼の故事で知られるように、従者を生き埋めにして死せる卑弥呼に殉じさせたのも殉葬に入るであろう。また埴輪《はにわ》やさまざまな物品を副葬することも、広い意味では殉葬と言われる。日本だけでなく、古代エジプト、メソポタミア、古代中国（兵馬俑《へいばよう》）、古代朝鮮などで殉葬が認められている。

人の殉葬の史実が認められている限り、殉死という行為があったことになる。しかし、江戸時代の殉死は、当人の強い思いや、周囲からの心理的な圧力で行われる個人的な行為である。江戸時代は、こうした「意思の殉死」を法的に禁じた時代である。その理由は、殉死による人材喪失を防ぐ体制持続の措置と理解されている。江戸時代は、全体としては殉死禁止の時代としてよいが、一七世紀の後半、寛文年間（一六六一～七三）以前はそうではなかった。主君の死に殉じて自死するという殉死は、近世の初頭にはむしろ盛り上がる「風潮」の様相を示した。

日本の古い時代や世界の古代に見られる殉葬と、私が言う近世日本の「遺志の殉死」とは異なる。後者は、主従関係に基づいて、きわめて個人的な情義が発動されることによって実行される、かつ形態としてはほぼ「切腹」という行為に特化される自死である。こうした殉死が古くから「慣習」としてあったとすることはむつかしい。近代の大正元年（一九一二）、明治天皇大喪の日に乃木希典《のぎまれすけ》夫婦が「自刃」して殉死するという出来事があったため、自刃の殉死が連綿と日本史に伝わるものと思われがちだが、これは立証しにくい。

ただ、近世の初めには殉死が争うように行われ、このことに対して、死出を共にする忠心を当の大名が欣《よろこ》ぶよりは、家の存続を危惧する立場から止めさせようと工夫をこらしたのは事実である。一例を、津藩主藤堂高虎《とうどうたかとら》で見よう。津藩の法制を中心に編んだ『宗国史《そうこくし》』の中に、「累世記事《るいせ》」という逸話的な記録が収められている。その逸話の一つに、殉死に関するものがある。意訳する。

藤堂佐渡守高虎は一つの箱を造って書院に置き、領国である伊賀・伊勢の家来に対し、殉死しようと望む者は姓名を記して、この箱に入れよと指示した。望んだ者が四十余人いた。駿府（高虎は家康在城の駿府にも屋敷を構えていた）でも家来に同じことを聞き、応じた者が三十余人あった。高虎は、その誓札《せいさつ》を持って駿府城に登城し家康に言上した。私の家人は皆かくの如くであります。皆、子孫の代まで徳川家の御先手を承わって御用に立つ者共であります。願くば上意を以て殉死を差し止めていただきたくと、家康公に対して家来たちの誓札を披露した。高虎は宿所に帰り、家来たちに対して、誓札を差し出すほどに思いつめているからにはもはや殉死したも同じことである。皆々思いとどまれとの家康公の厳命であると堅く制した。ところが家来の一人が逆らった。その家来は戦場で脇腹に傷を負って不具になっており、このような体でありますから、私はその言いつけについては御免を蒙りますと殉死を言いはる。家康公はこれを聞いて、高虎は代々徳川家の先手である。その下知に逆らってあくまでも殉死せんとするなら、高虎から先手の役を取り上げるという家康上意を伝えさせた。それを聞いたその家来は、そういうことであるなら、これ以上は申し上げないと意見を変えて殉死を思いとどまった。高虎が徳川家の先手であるというのは、このことから始まったのである。

この記録は、外様ながら藤堂家は徳川将軍家の先鋒役をうけたまわる家筋であるということを逸話の形で明示しようとしたものだが、殉死論から見ると、近世初期の大名が家臣の殉死を思いとどまらせるために工夫をこらしている様相を活写した記事である。これに類する逸話は、他の大名家にもある。

殉死が戦国の遺風と言われるのは、武田勝頼《たけだかつより》や柴田勝家《しばたかついえ》が敗死する場面に、主君に殉じて死ぬ家族や家臣が多数いたことにつながられたイメージである。男性戦士が基本の場面であるが、柴田勝家に殉じた「お市《いち》」や大坂の陣で死を選んだ「淀君《よどぎみ》」などに見られるように、女性が殉死することも戦国の状況においては見られることであった。しかし、「天下人《てんかびと》」の豊臣秀吉《とよとみひでよし》や徳川家康《とくがわいえやす》を追った殉死者が話題にされないように、権力者には必ず殉死者がともなうとは言えない。戦国期には仕える主君を自ら変えていく武士もいくらもおり、大名もまた引き抜きもふくめて有能な家来を捜し求めた。興味あることだが、江戸初期において、殉死を覚悟させる情動が「天下人」の直臣よりも、地方領主である大名の家臣のほうにより強く現れた。

近世は殉死禁止が原則になった時代だが、それへの移行には強圧的な手段も使われ、また殉ずる気持ちを表すために代替的な行為が慣習化していった。たとえば剃髪《ていはつ》や薙髪《ちはつ》などである。大名の正妻が、尼僧《にそう》体で夫の菩提を弔う余生をおくったのも、殉死に近い様態と言えよう。

本書がさらに注目したいのは、殉死禁止に対応する悔やみの法制化が進められて、殉死に替わる秩序として定着させようとしていることである。大名やその家族の死にともなう鳴物停止令《なりものちょうじ》や、武士社会全般に奨励されるようになる「服忌令《ぶっきりょう》」の制定は、そうした対応策であったと見ることができよう。

おそらく大名層の困惑を受け止めてのことであろう、殉死禁止令は家綱《いえつな》政権のもとで、寛文三年（一六六三）に「武家諸法度《ぶけしょはっと》」二一箇条を達した時、別紙一箇条として申し渡された。この時は「口達《くたつ》」だったが、五代将軍綱吉の時代から「武家諸法度」の条文として掲載されるようになる。最初の殉死禁止令を次に掲げる。

殉死は古《いにしえ》より不義無益なこととして戒めてきたが、命令ではなかったので近年「追腹《おいばら》」が増えている。今後そういう考えの家臣には主人（大名）から殉死をしないよう堅く申し渡すべし。以後、殉死があった場合は、死去した「忘主《ぼうしゅ》」の落ち度とし、また跡目を継ぐ者もそれを制止しなかったことを「不届き」なこととみなす（『御当家令條』『徳川禁令考前集第一』）。

古来殉死は不義無益として戒められてきたというのは、伝説的な話もふくめ、そのように理解されてきたということで、戦国の集団的な主従の敗死は、武運つたない討死ではあっても、殉死とは言われず、殉死の流れに置かれなかったと考えられる。あらためて殉死禁止令が出されると、その遵守《じゅんしゅ》は今度は公儀の権威に関わることになる。その五年後の寛文八年（一六六八）、下野《しもつけ》国宇都宮藩奥平家の江戸藩邸で「追腹一件」と呼ばれる殉死事件が起こった。これは藩主の忠昌が病死した際に、その世子である嫡男の昌能が父の寵臣であった杉浦右衛門兵衛に対して、本人が生存していることを詰問した。これが圧力となって杉浦はただちに切腹した。これについて公儀は、殉死を制止しなかった世子と殉死を行った家臣が、両方とも公儀の法度に違背《いはい》したと判定した。

奥平家は徳川家連枝《れんし》の家柄であったが、二万石減知されて出羽《でわ》山県藩九万石へ転封《てんぽう》させられ、殉死者の家臣の跡取りは連座して切腹を命じられた。この事件は、当時の大名とそれぞれの家中に広まって、以後の殉死を阻止する大きな力になった。

しかし、情動に基づく殉死行動を鎮めるためには、ただ強圧を続けるだけでは限界があった。薙髪《ちはつ》・剃髪、女性の場合は髪を下ろして尼僧になって菩提を弔うことなど、さまざまな代替行為が行われる中で、新しく法制的な次元で二つのことが行われるようになった。一つは将軍・将軍家族などを、民間社会をふくめて音曲《おんぎょく》・普請停止で追悼することの実行である（鳴物停止令《なりものちょうじれい》）。これは三代将軍家光の時に始まっている〔中川　二〇〇九〕。もう一つは、「服忌令《ぶつきれい》」である。これは将軍綱吉の初政期、貞享元年（一六八四）に制定された。「服忌令」を同時期の「生類憐《しょうるいあわれ》みの令」に対応するものとし、「服忌」の背景をなす「触穢《しょくえ》」の意識を重視する見方〔高埜　一九九二〕にも説得力はある。ただ、より大きく近世化の筋道を理解しようとすると、死者の悼み方について、その作法の細かな基準が社会に与えられ、それによっていわば「生死の秩序化」が図られたことに私は注目したい。

服喪は仏教にも儒教にもあり、殉死が身体を傷つける最大の行為であることを考えると、服忌令は、ひたすら引き籠もることによって弔意を表現しようとする様式であり、「身体髪膚」を傷つけずということを重く見る儒教的な人間観に合致している。殉死にまで進んでしまう、近世初頭の情動のあり方に対抗することのできる追悼の秩序を明示した点に大きな意味があると私は考える。この点での、いわば「東アジア化」の進展を見てもよい。ただし、そのことで今度は死者の身分序列化を細目まで決め、その序列に「穢れ」の序列までも付け加えたもう一面については、後にあらためて取りあげたい。

それでもおうおうにして歴史に見られるように、いったん「美意識」をともなうほどに様式化された過去の人間行動は、容易には社会の記憶から去らず、それを再行為しようとする人物を生み出す。先に見たように、幕臣川路聖謨《かわじとしあきら》は新政府軍の江戸城攻撃の予定日とされていた慶応四年（一八六八）三月一五日に、徳川家に殉死するような辞世を残して自裁《じさい》した。この時川路は、六八歳で起居の動作が「中風《ちゆうふう》」のため不自由で、切腹の不始末を心配してか、「割腹《かつぷく》」――幕末期から切腹をこのように言うようになった――したうえピストルで喉を打ち抜いたという。そして、新政府への抵抗感と徳川家への親昵《しんじつ》感を合わせ持つ、飛び切りの「意思の殉死」と言ってもよい辞世を残した。川路の自死は、近世から近代へ連続する殉死というイメージを提供することになったのではあるまいか。

心中者の主体性

「心中」は、意中の相手、胸中の相手という意味から、立てる、尽くすという意味が加わるようになって「心中だて」という言葉が発生し、さらに相愛の男女が「情死」するという意味になった。また、相愛の男女だけでなく、「無理心中」という言葉があるように、家族・縁戚の者を道連れにする自死を指すようにもなった。心中は民衆の社会に起こることが多かったが、武士の社会にも「情死」はあった。

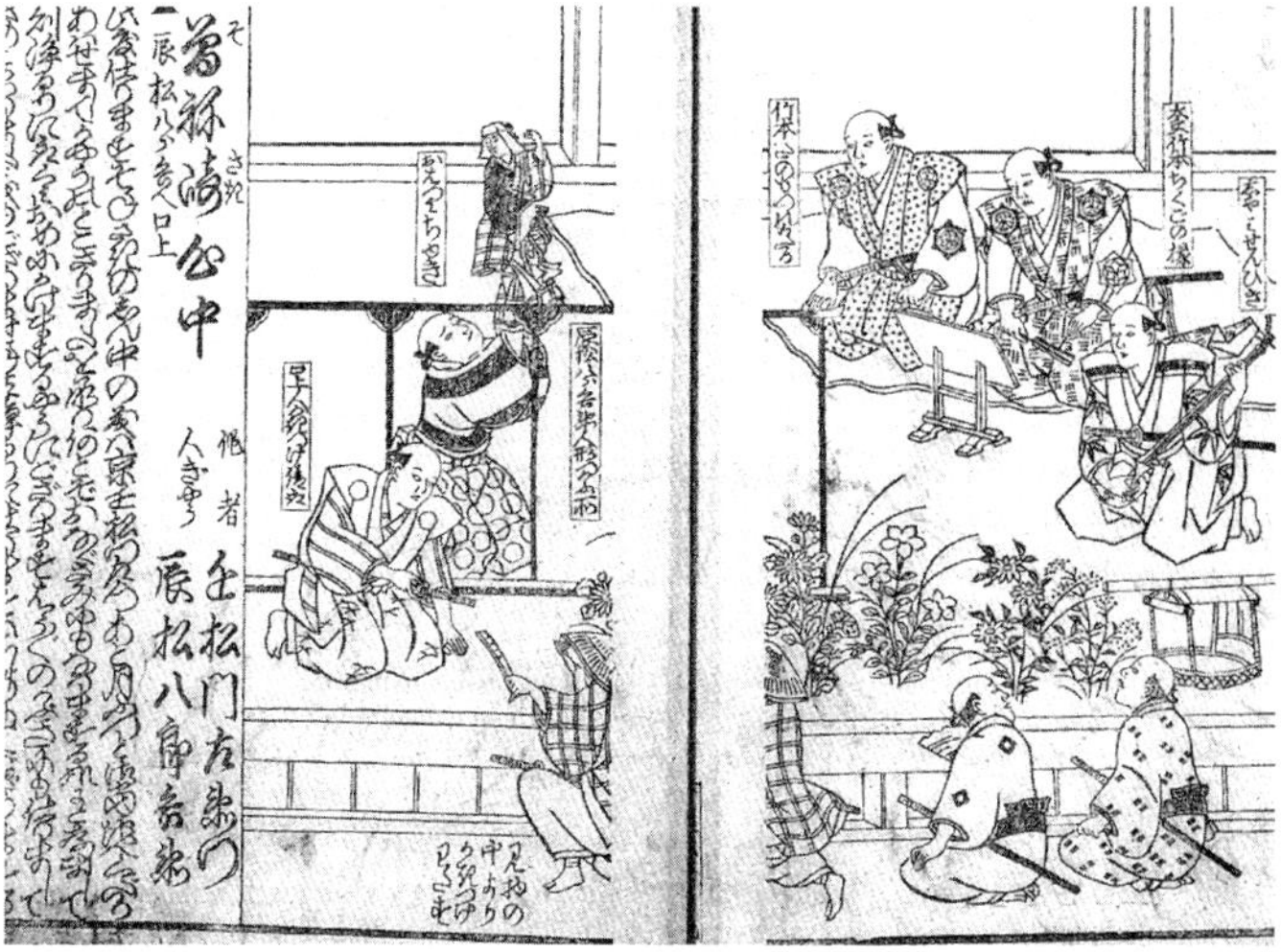

図9　曽根崎心中　口上番付

心中には流行性の面があって、時期による増減が見られた。民衆の力が伸びたとされる元禄文化の時代に、かえって心中、情死が増えたことが指摘されてきた。世評は、自死する民衆を弱者と見、敗者か失敗した者として語ることが多い。ことに遊女や奉公人などについては、そのように見ることがふつうである。現実生活ではたしかに下層の「敗者」としてよいが、社会はそれだけで人間を淘汰していくのではない。伝承・記録・芝居などの形で、自死の弱者についても再表現し、その蘇りの中でいくつもの要素が加わって、いわば「救済」していく。追い込まれたように自死を撰んだ者たちも、こうして生者の歴史にさまざまな形で発信し続けるのである。

それに情死については、ただ「敗北」とだけ見るべきでない一面がある。宮澤誠一は、元禄期の「精神構造」のあり方という視角から「心中の流行」を考察している〔宮澤 一九八〇〕。宮澤は、この時代の民衆文化として、現世主義的なものが優位になる浮世観を登場させつつも、なお仏教的輪廻《りんね》観が影響を残している世界として元禄時代をとらえ、かつ「義理」に圧迫されるが、それを「より人間的なものに改変する可能性が生じてきた」という形の一つに「心中」を位置づける。ここでは心中は、選びえた「主体的」な生き様の一つの様態なのである。

そうした同時代の生々しい自死を、元禄文化の戯作《げさく》や芸能は題材に撰んだ。近松門左衛《ちかまつもんざえ》門《もん》作の「曽根崎心中《そねざきしんじゅう》」は、元禄一六年（一七〇三）に大坂竹本座《たけもとざ》で初演された世話物《せわもの》浄瑠璃《じよう るり》で、のちに歌舞伎にも採り入れられた。起こったばかりの心中を題材にした「現代劇」で、この年四月に大坂堂島《どうじま》新地天満屋《てんまや》の女郎はつと、内本町醤油商平野屋の手代《てだい》徳兵衛が曽根崎村の露天神の森で情死した事件を、その年のうちに初演したのである。近松は、二人の「道行《みちゆき》」（冥途への旅）を非難することなく、「未来成仏うたがひなき恋の手本」という見方で描いた。ただ、元禄社会の気分がすべて心中に同情的なものではなかった例証として、宮澤は、近松とちがい、井原西鶴《いはらさいかく》が心中を「切羽《せつぱ》詰まったいやしい仕業」と見ていたことを紹介している。

後世から見れば、時代の流行現象となったこの時期の心中を、こまめに記録した人物がいる。本書九七―一〇九ページで父母の看取りを書き残した朝日文左衛門は、同じ『鸚鵡《おうむ》籠中記《ろうちゅうき》』に耳目に触れた心中・情死を書き留めている。元禄六年四月八日の記事は、密通に関するものである。おそらく武士社会なら、「女敵討《めがたきうち》」の企図が生まれそうな事情である。「出来町の日用《ひよう》取りの女房」が酒屋に奉公していたが、「酒杜氏《さかとうじ》」がこの女房と「密《みっ》通《つう》」した。この酒屋は作り酒屋でもあったのだろう。これを知った「日用取り」は「忿懣」を抑えがたく、この日、酒杜氏と女房を「斬り殺し己も自害」した。この三人とも、「いまだ死せず」と書いているから、聞いたばかりの話を文左衛門は書き記したのである。武士身分であれば、この事態は密通であって、女敵討が成立し、本人は手続きを怠らなければ罰されることがない。しかし、「日用取り」にとっては、忿懣のあげくの殺人だったのであろう。

元禄六年六月八日の記事は、情死のことである。

丑ノ刻、飯田町養念寺門前にて、弓屋十兵衛娘、名はふり。年二十三。理助年二十四。

指（刺）し殺して理助も死ぬ。

事情の途中を省略すると、「油売り」の理助との関係を親に反対されて、心中の決心をするに至る。それを書き記す文左衛門の筆致も浄瑠璃に似てくる。

生きて思いに腐らんより、永き未来の玉の床、死出の旅路を志し、養念寺の門に蹲《うずくま》り、互いに今が訣《わか》れよと、女、扇を開き、思うほど書きつくし、嶋田の髪をふっつと切り、扇の上にのせ置いて双手を合わせ命を待つ。夏の夜、いとう深過ぎて、雲冥々と空暗く、四方に人の声なうして天漠々《ばくばく》と鐘遠し。男も歌を詠じ、女を引きよせ一刀にて指（刺）し、己も咽をつきて息たえぬ。

文左衛門は、「女の書置」と両人の「辞世」も採録している。ほかにも密通や情死を記録しており、この分野以外の冷静な観察ぶりからも、作り話は考えにくい。ただ、当時心中が多々あり、それの芸能化としての人形浄瑠璃に心を酔わせる世相があったことが文左衛門の筆致からうかがわれる。

元禄九年二二日の記事も、情死であるが、女には「本夫《ほんぷ》」があった。女を殺したのは相手の「下僕関介」で、自身も死にきれず、凄惨な現場となった。その凄惨な模様を、文左衛門は凄惨なままに記述している。

心中である限り、その具体的な様相は凄惨である。しかし、心中は、この時代の抑圧性を証明する以上に、ふさわしい伴侶、あるいは情愛の相手を求める証左として、女が自分を隠さないという能動性のほうを印象づけられる。この時代、「幕藩体制」と言われる国家・社会の秩序がほぼ出そろい、「民間社会」の成長の勢いの中で、それぞれの身分集団や個人の生き方が模索され始めた。貝原益軒《かいばらえきけん》の『養生訓《ようじようくん》』『和俗童子訓《わぞくどうじくん》』などが、そうした社会の要望に応えた一例である。『和俗童子訓』からは『女大学《おんなだいがく》』が派生し、女児の教育、つまりは女性の生き方を修養する基本書の一つになった。公開されるものではなかったが、「武士道」を「死ぬこと」と説いた『葉隠《はがくれ》』も、この時代に対応する「近世武士」の生き方（心構え）を説いたものであった。

元禄文化の全体が、ほぼ一世紀かけて形成されてきた身分制社会の秩序を前提にして、その中での身分ごとの「主体的な生き方」を模索しようとする文化的表現であった。心中・情死・密通などは、いわば秩序からの逸脱の事象であったが、それらから引き出せる「逸脱の教訓」を芸能化することによって、逸脱の少数者たちも主体性を言い残し、多数者たちもそれらを滋養素にした。すなわち多数者の側は、逸脱を警戒しつつ、それでも自らの努力として「分際《ぶんざい》の主体性」を修養していったのである。

もとより心中が社会から消えることはない。一八世紀後半のことだが、『源蔵・郡蔵日記―近世農民の見たまま聞いたまま―』（矢祭町史編さん委員会）を見ると、次の記事に出合う。宝坂村役人郡蔵（姓は古市）が明和四年（一七六七）六月一三日のところに次のように記した。

内川村伝蔵・沢又村おきの、心中仕《つかまつり》相果申候。

これは記録者の住む狭い生活地域の中の出来事であり、これ以上の仔細はわからない。ただ、地域社会は、これを記憶からもみ消そうとしたのではなく、ひそかなモニュメントを残した。内川村の山地には「六部塚」と呼ばれる心中の者を供養する碑が残されており、土地の者がこの二人を悼んだ名残と言い伝えられている。

死と穢れ

「穢れ」の社会意識と方向

「死穢《しえ》」については、日本社会は中世以来定式的な見解を用意してきた。すなわち死穢を代表とする触穢《しょくえ》は神道の不浄の観念から生まれ、陰陽《おんみょう》道《どう》もこれを支え、触穢思想が育ったという。ちなみに、陰陽道はその時代においては怪しげな感性、思考によるものではなく、最も先端的な「自然科学」「自然哲学」であった。その「科学的哲学的判断」が、「呪術」の形式を取って導き出されるのである。陰陽師は民間の放浪者ではない。朝廷の機構である「陰陽寮」に所属する陰陽師集団が呪術行為を担ったのである。

触穢思想では、死は伝染するもので、死者と接する遺族も死穢に染まるとされる。そこで遺族は「清め」に必要な期間を家に籠もり、葬式に参会した者も清めを行う。触穢思想では、動物の死と出産は不浄であり、血の流出や業病《ごうびょう》に罹ることを「穢れ」の生じる原因と見る。死体は穢物《えぶつ》であり、それに触穢した者や葬送労働者（非人）、出産前後の女性、癩《らい》病などの難病者や重い障害者、言語・体型などの文化的異質集団も穢れた者とされる。人は垣根や壁で囲まれた同じ空間に穢物、穢者《えしゃ》と一緒に居ると汚染するとされ、同火・同席・共食《きょうしょく》は接触に近い行為とされた。「穢れ」の感染者が神社に参拝したり神事に参加するためには、除染期間を経るか「祓い」を受ける必要があった。公家も参内《さんだい》を止めた。

一〇世紀に編纂された「格式」（律令施行細目）である『延喜式《えんぎしき》』では、死穢三〇日、産穢七日、「六蓄《ろくちく》」（馬・牛・羊・猪・犬・鶏）の死穢五日、産穢三日の謹慎と決められた。律令格式の支配力が衰えても、触穢思想は弱まらず、社会に深く定着していった。そもそもは触穢から解き放たれるための道筋を示そうとするものであったはずだが、清めや祓いによっても解決不可能とされる人・物・事が出た。そのような存在と見なされると、人もふくめ、変わらぬ穢物視、そして社会的差別が固定化されることになった。

神道的な観念とされる清浄・不浄観は、もともとは土地柄により発生事情がちがい、画一性はなかったと考えられる。広狭の土地土地の「御利益《ごりやく》」を守護する大規模な神社から中小の神社まで、参詣の環境を維持するため、障害と思われる事柄が、おそらく参詣者の側から挙げられて制約事項を生んでいったと考えられる。たとえば静謐《せいひつ》な祈りの場で大声・奇声・鳴き声を発することが重なれば、境内にそうした人や生き物を入れることを禁じるようになろう。その原因に飲酒や喧嘩《けんか》があると認識されると、泥酔者や争論者の出入を禁じるようになる。ないしは予防手段として、刀剣を抜くことを禁じる。こうした事情の進み方は想像しやすいが、尊敬していた人物の死や待ち遠しかった子供を出産した妻などが、どのように「穢れ」の禁忌条件に組みこまれていったのかの経緯については明らかではないことが多い。

人が集団で暮らしはじめてから経験することは多大にあるが、集団社会が例外なく経験することとして、人が死ぬことと人が生まれることがある。それを始原から「穢れたこと」として認識し始めたとは想像しにくい。人の情動が大台において変わらないとすれば、生老病死に向き合う初発の感情は、「驚き」「驚嘆」「怖れ」「恐怖」といった種類のものであろう。驚きは「穢れ」という見方と同じではない。

死の場合は、生者の側が、やがて起こる身体の腐敗と死者の命の行方という難題に直面し、再生・再会の渇望という大きな情動の一部として、崩れる遺骸、漂う臭気に対して、追慕と重なり合った汚穢の感情が発生することが考えられる。この流れについては、『古事記』などのイザナギ・イザナミ神話が活写しているところだが、『古事記』の神話では、生者（イザナギ）と死者（イザナミ）が敵対関係になってしまうところが理解しにくいと

図10　角谷戸薬師堂天井図（群馬県北橘村歴史民俗資料館）

ころである。

　おそらく死者に対する感情の矛盾――追慕と嫌悪――を解決（止揚）する方法は、「穢れ」を容認したうえで、それが清められ浄化される手順を考え出すことであったろう。しかし、歴史社会の難点は、そのように死や血を穢れと見て、次いで清めることが可能なものとして内心の矛盾を止揚できても、それを扱う人間か社会集団や、その葬る装置は固定的になるであろうから、それに関わる専従者も固定的に「穢れ」の側に置かれることになり、差別が秩序化されてしまうことであろう。

　出産が、家族にとっても集団にとっても、寿《ことほ》ぐ側の出来事であったことはまちがいない。端的に人的資産の取得である。子供の成長を祝う通過儀礼は、そのような待望の大きさを立証する。誕生への期待の物語も数多く、出産を先ず「穢れ」の側から始めた物語は残されていない。おそらく出血とか分泌への驚きとその繰り返しが、女性の自己意識も合わせて、その身体を憚りと「穢れ」の側に追いやる圧力を生じさせたものと考えられる。産穢そのものは通過儀礼的なものとして、期間が過ぎれば霧消してしまうが、出産可能な状態を永く持続することで、かえって女性の身体への差別的な見方が固定的になってきたものと考えられる。

ただ、これについてもいささか世俗的な逆読みをこころみれば、たとえば出産前後にもかかわらず妊婦に家事・野良仕事などを強要しようとする舅姑、性行為をせまるような夫などから女性の身体を護ろうとすれば、血の穢れと伝染の「脅迫」によって、接触を拒み、母胎を「隔離」するということだったのではないかとも考えられる。さらに広く社会生活の中で、女性の生理現象を「楯」に変えて性的暴行から護る役割もはたしたとも考えられる。もしこうした仮説が許されるならば、「科学」の援護のない環境での、いわば逆転した「人権」（女権）思想が「血の穢れ」論だったのかもしれないのである。

「服忌令」の死　穢と時代の要請

おおよそこのような「穢れ」観を踏まえて立ち上がってきたと思われる触穢思想が、絶対的な「穢れ」の存在を作ることを意図していたとは考えられない。反対に、「穢れ」を打ち消すための処方、あるいは作法として整えられていったことは、清めとか、祓いとかいう文言にも明らかである。人は、自らの生きる場である国家・社会を穢れた存在として存続していると見ることはできない。「穢れ」から逃れることはできないが、穢れたならば「穢れ」を取り除く。それが可能だと考えるところに触穢の思想が育ったと言えよう。

だが、その前提になる「穢れ」の諸相では、それ自体を減らす方向に向かわず、それを大写しにし、また事こまかに「穢れ」の発生を見いだそうとしたのが江戸時代であった。そのことは、近世の「服忌令」にも明らかである。「穢れ」の観念は、治者あるいは信仰の上位者が支配の道具として捏造《ねつぞう》したものというより、自然の諸力に対する非力さを知り尽くしている社会の安全願望が生み出す、茫漠とした怯懦《きょうだ》（臆病）の意識の反映だと言えよう。だが、その茫漠とした穢れ観、禁忌意識に形を与えるのは、それを制度化した識者・治者である。民衆の社会は、そうして規則化されたものを、受け入れ返して我がものにするための習得の努力をし、より細かな規則を自らの生き方の中に適用しようとする。こうして穢れ意識の垂直的な社会化が進んでいくと考えられる。社会が持つ広汎な疑念と願望に対しては、「穢れ」とその消去法についての答えを用意することで秩序の安定が図られたと見ることができよう。

公儀は貞享元年（一六八四）、『延喜式』はもとより、さまざまな諸神社の穢れ観や実際の浄・祓手順を調べた上であったろうが、五代将軍綱吉の御代初め的な事業として、武士社会を主対象に服喪の細則を制定し公布した。これは神道だけによったのではない。儒教の服喪の思想も当然入っている。儒者の林鳳岡《はやしほうこう》（大学頭《だいがくのかみ》）・木下順庵《きのしたじゅんあん》（公儀儒官）ら当時の最高の儒者、神道では吉川惟足《よしかわこれたる》（公儀神道方《しんとうかた》）らが参画していたからである。その後、いく度か、実情に応じる形で改正されていき、一八世紀半ばに至って最終的に確定された。この改定のいきさつは、「服忌令」を公儀が重視していたことを物語る。「服忌令」は、他の公儀の情報・記録がすべて漏れるように、たちまち民間に漏れていき、無断で出版が行われ始めた。公儀は、これについては無視せず、制定の年に早くも処罰者が出ている。

高埜利彦は、綱吉が発令した「生類憐みの令」や「服忌令」は、殺生や死を遠ざけ忌み嫌う風潮を作り出すという効果を発揮したと指摘している〔高埜　一九九二〕。本書は、高埜の見解に近似するが、先に「服忌令」が殉死の克服の意味を持つと指摘している。殉死も人の死を悼む方式の一つであるが、「服忌令」は、自死ではない方法で人の死を悼むしかたを詳細に決めるものであったという意味である。ただし、その詳細な規定の中で、今度は新しい差別、「穢れ」を定式化していくことになった。

「服忌令」は、近親の死に際して、喪に服すべき期間を定め、触穢に関する振る舞いをこまごまと決め、その多くの規定が差別と「穢れ」を儀式の形で公式のものにしていった。「服忌令」は、何度も追加補充を繰り返してできあがっていった。服忌の忌は「穢れ」と関係して設定されるが、「穢れ」が永遠に続くという考え方ではない。喪に服す、そして喪ゆえ「穢れ」を忌む、という関係である。

そもそも喪とは、うしなう、うせる、ほろぶという意味で、近親者にとっては喪失である。人の関係でも血縁・縁戚だけでなく、主従・盟友などの関係が加わり、時には自分の活動を支えてくれた馬とか牛とか犬とかの慈しんできた家畜を喪うことも入ってくる。

「服忌令」は、父母が死ねば、「忌」五〇日、「服」一三か月という実の親子の忌服の規定を中心に、こまごまと実生活における考えられる限りの場合を想定して服と忌の期間を決めている。月の数には、閏月は除かれる。忌五〇日は、いわば神道系の考えで、「穢れ」の内にある期間であり、服一三か月はいわば儒教的な考えで「穢れ」がなくなっても死者を悼む喪の期間である。東アジア的なものと日本的なものとの組み合わせである点で、近世の政治文化と共通している。

服喪の間は、ただ無為に月日を過ごすのではない。こまかく参加できる事と遠慮すべき行為が分別されるのである。近世の「服忌令」が煩瑣になった理由は、人間関係による服忌の期間のこまかい区別がなされたことが一つ、もう一つは、「穢之事」がこまかく規定され、触穢の持続期間を細別したことによる。出産の「穢れ」は、父七日・母三五日という区別だけでなく、それが死産である場合、流産である場合、というように事態の可能性を想定していくと、その範囲はたいへん広いものとなってくる。当時の交通事情では、子供の誕生を遠方に知らせるのには時間がかかることもある。参勤交代による出府中で、当人に知らせが届くのが七日を過ぎるとする。そうすると、父七日という期間が過ぎているので「穢に及ばず」というように決めたのである。

「穢れ」は死穢だけではない。治療で灸《きゅう》を据えたり針を打ったりして血が出た場合も「穢れ」が発生するが、「行水」すれば「穢れ」は祓うことができると決めた。一日だけ発生する「穢れ」の行為もある。およそ外科的な治療ではほとんどの場合に出血して「穢れ」が発生し、かつ祓う方法が必要となろう。

食事も「穢れ」の発生源であった。牛馬・犬・鹿・猪など、すべて二足以上の生き物を食べれば、数十日から百日を超える「穢れ」の発生期間がある。なぜかと言えば、動物を殺せば血が出るからである。しかし、動物だから同じとしないで、動物によって「穢れ」の期間に序列（格差）を設けたことで、煩瑣な清めになるのである。その期間の祓いの時間は、日常生活のさまざまな行為を不便にする。そして常時、そのように諭される暮らしをおくれば、多くの者は肉食を控えるようになろう。

いささかいい加減だと思われる「穢れ」の規定もある。「居屋敷」の内で、なにかの都合で、縁戚者でない死人が出る。これは「一日」の「穢れ」となるが、知らなければ「穢れ」は発生しないというのである。もしこの規定でよいなら、知らなかったと言い張って「穢れ」の作法、言いかえれば祓いの作法を省略できることになる。ただし「服忌令」を人が内面化（正当と信じる）してしまえば、他者に見られているかどうかは行動基準にならなくなる。何を基準にして「穢れ」の長短を決めることができるのかも明確ではないが、そもそもそうした曖昧さをともなうのが触穢の思想だったと思われる。

高埜は、死を嫌い血の「穢れ」を排する服忌の考えは、朝廷や神道に歴史を持ち、それが社会に広がったものとしたうえで、一七世紀から一八世紀にかけての「服忌令」の制定は、戦国の殺人を功業とし主人の死後「追腹」を切ることが美徳とされる武士の論理を払拭することにつながったと説明している。本書は、殉死にかわって、死を悼む作法の要請に応えたものと理解する点で同じ方向にあるが、もうひとつ、灸や針にまで「穢れ」の発生としてこだわる考えに、日本的な神道の考え方だけでないものを見たい。

すなわち、親に与えられた「身体髪膚」を毀傷しないことを孝の初めとする儒教の人間観（『孝経』）も、服忌令のもう半分の支えとして働いているということである。「服忌令」がそのように見られていたからこそ、儒教核政治文化の一翼として広く受容されることができたと私は考える。

パワーとしての穢れ

穢れ観の側からだけ見ていくと、否定しがたく差別的な人間観が現れてくる。高野山真言宗《こうやさんしんごん》の中の一寺院が信者に授与してきた「明王真言」という「解穢呪《げえじゅ》」の文言はこのようなものとして研究された〔荒井　一九九五〕。

若、人見死尸、婦人産生処、六蓄産生処、一切血流処、或遇旃多羅・屠者等穢人、或入大小便、及一切穢処、誦此解穢呪。得身器清浄。速得成法驗。（中略）亦一切女人、臨産多苦時、並産生遅留、於産婦腹中、児死不出時、至心誦此呪、産出皆安楽、女月水産出、血流穢多故、（後略）

経文のように音読されるものなのでルビを付さないが、前段は死体、出産（人、動物）などの光景を直視した者、大小便所などに入った者が「解穢呪」を唱えることによって清浄となるという諭しであり、後段は分娩にともなういくつかの危険性に対して、産婦がこの「解穢呪」を唱えれば難産や死産の苦しみから逃れられる、女性は月々や出産の際に血を失うので、この呪を念じるのがよいという諭しである。

省略した最後の部分には、「解穢呪」によって諸病の苦しみから逃れ、貧窮や淫欲から逃れる。そうして「出世願」も「成就」することが約束される。もちろん、この論理の前提には、繰り返しているように、ある事物を穢れたものと見るという価値観があり、それゆえに近代の側から差別論として取りあげられるのであるが、ここに挙げられた出血や臭気に対して、その時代の人びとが避けたいもの、触れたくないものと感じたであろう感覚の実在を否定することはできないのではないか。だが同時に、この時代の人びとはそれを固定しようと望んだのではなく、そこから解放されようと望んだのである。「解穢呪」は、「穢れ」の固定を目ざしているのではなく、呼称からも明らかなように、「解穢」を約束した「真言」である。

そういう「穢れ」から解放される道筋を考える必要と同時に、「穢れ」自体の社会的な意味を深っていくことも大事な視点である。中川学は、為政者の世界についてであるが、近世日本の触穢令と鳴物停止令について興味深い研究を公表している〔中川　二〇〇九〕。ここでは研究の全部ではなく、本書の関心とかかわることのみについての簡単な言及にとどめる。中川の研究によると、近世では朝廷は公家世界の頂点身分の者（天皇、上皇・法皇、女院など）の服忌を触穢令によって執り行い、「江戸幕府」「諸藩」の武家の頂点身分の者（将軍、大御所、大名など）の服忌を鳴物停止令によって執り行うようになった。ただし一八世紀初めまでは朝廷側から将軍死去に際して触穢令を発令しようとするが、かえって将軍早世の因となっているとの幕府側の抵抗で、触穢令から将軍が離脱してしまったという。

本書は、ここでは朝幕関係論には立ち入らず、触穢令のほうに眼を向ける。近世朝廷が発令する触穢《しょくえ》令《りょう》は、先に述べてきた「穢の伝染」の範囲によって大きく三つになるという。宮中（内裏《だいり》、禁裏《きんり》）触穢令、院中触穢令、天下触穢令である。ある決まった概念、基準が常に発動するというのではなく、その時その時の死のありようによって議論が始まり、意見の強弱によって決定されたという。触穢は「非定型化」しつつあった。

院中（仙洞）触穢令は「穢れ」が法皇・上皇御所に伝染したことを契機に発令されるという。天下触穢令は、「穢れ」が内裏と他の御所へ伝染したことを契機に発令される。これは同時に宮中触穢にもなる。この触穢令では、関係の神社の門や蔀《しとみ》が閉じられる。宮中触穢令では、発令後、内侍所《ないしどころ》（賢所）の廻りに注連《しめ》が張られる。院中触穢令では、仙洞《せんとう》御所《ごしょ》内部に限定されて、天皇の祭祀や朝廷の公式行事には影響が及ばなかった。

しかし天下触穢令では、「天下」（日本国土）の神社の神事・祭礼の停止あるいは延期、さらに外部からの参詣の禁止を求めるに至る。慶応三年（一八六七）の孝明《こうめい》天皇の死去に際しても天下触穢令が発令されており、近世を通じて廃されることがなかった。なお、天下触穢令は、天皇だけでなく、後水尾《ごみずのお》天皇の生母である中和門院《ちゅうかもんいん》の場合も、後水尾天皇の皇后に当たり明正《めいしょう》天皇の母であった東福門院などの場合も発令されている。

朝廷の触穢令で明らかなことは、「穢れ」が伝染するというだけでなく、触穢令の規制範囲で言えば、院中触穢よりも宮中触穢令が、そしてそれよりも天下触穢令のほうが一番「穢れ」の力が強いということである。触穢令の強さ以前に「穢れ」の伝染力の強さが、その順序で働くということである。つまり、「穢れ」は、人に知られることで恥辱であるとか貶められるというのではなく、もっとも尊貴な存在の死去によって発生する「穢れ」が一番のパワーを持っているということである。本書の趣旨から言えば、死者は「穢れ」の強い者が、現実の社会を制約する力も大きかったということである。本項目の見出しに、「パワーとしての穢れ」という表現を用いたのは、こういう理解に立ってのことである。

死者と生者が親昵な時代――エピローグ

歴史は「生者と死者の合作」と書いたのは、二〇〇二年に出した『津藩』の「はしがき」においてであった〔深谷　二〇〇二〕。近世では、藩世界が政治文化を醸成する磁場であったという理解と合わせてである。生きている人間だけでなく「死者・超越観念・自然界の身分コード化」に気づく必要があることを指摘したのは、二〇一一年に書いたシリーズ論考「士農工商と近世身分制」においてであった〔大橋・深谷編　二〇一一〕。それらの中で取りあげた論点も踏まえ、近世日本だけでなく日本史における政治文化の基質を東アジア史の展開の中に系統的に位置づけようとしたのが、二〇一二年に出した『東アジア法文明圏の中の日本史』である〔深谷　二〇一二〕。この間の二〇〇九年には中川学が、小野将や深谷の政治文化論を論評しつつ、江戸時代の「鳴物停止と穢」について深く論証し、

「為政者の死をめぐる政治文化の構造」を把握するこころみを発表している〔中川　二〇〇九〕。その内容については、とくに「穢」の論議を本書の中で紹介してきた。

本書は、そういう流れの先に、近世をおもな舞台にして、無事の時代の「死」への向き合い方と死後に発揮される影響力を、「死者のはたらき」という視座に立って叙述したものである。プロローグでは「死者が生者を動かす時代」という文言を付したが、エピローグには「生者と死者が親昵《しんじつ》な時代」という文言を撰び、両方で江戸時代らしい生者と死者の関係を表したつもりである。

歴史はだれが作ってきたのかという問いに対しては、ふつうは「英雄がつくった」「権力者がつくった」「民衆がつくった」「智者がつくった」などなど、いくつもの解答があり、論争が起きたこともある。本書の、死者が歴史をつくるというのは、過去も未来も、生きている人間の活動だけでなく死んだ人間が加わって歴史はつくられてきたし、これからもそうであろうという意味である。数値で比率を示すことはできないが、生者と死者はおそらく半々くらいに力を出しあって歴史をつくってきたというのが、本書の考え方である。念押しに言えば、死者の死後の歴史においてである。本書は、そういう見方で死者を復活させるこころみでもある。

そうした死者の力は、遺訓・家訓を文章として残している大名家や豪農・商人の家々においては確かめることができるが、無名民衆の多数者には立論できないのではないかという疑問が当然生まれよう。個々人として確かめることができるのは支配権力の上層や経営社会の上層の人間であるが、無名民衆もまたさまざまな形で死者の集合力を形成し、後世の生者の行動の判断や情念の現れ方を左右してきたのである。直接の遺言でなくても、そういう無名民衆も、死者の声は絵画や歌詞や演劇などにはいり込み、つまり生きた芸能者を介在させて出現し、現世を動かしてきた。死者が歴史をつくるというのは、有名か無名か、成功者か失敗者かで決まることではない。無念や非業の死者もまた、異なる回路を経て生者の世界に関与する。

「合作」とか「力を出しあって」とか書くと、つねに死者と生者が同じ願望を持って同じ方向に向かっている向日的な関係をのみ思い浮かべることになるが、死者が生者に与える規定力は、背中を押すことだけでない。直進を阻み、足をつかんで引き戻す力もあり、生者の自由を奪う力になることもある。死者と生者の関係は、死者と生者の距離や生者の側の「立ち位置」によっても異なってくる。今日でも「英霊」とされる多数の戦没兵士と自身とをどのように関係づけるかは、歴史の見方ともかかわってたいへんむつかしい。しかし、これも死者と生者の関係であり、死者が今日の生者の世界を規定する力の強さゆえに生じる難題なのである。どの立場をとるにせよ、無視することができないというのは、それだけ死者の発揮する集合的な力が大きいからである。

もちろん、社会での位置が死者の力に関係がないと言っているのではない。逆に、死者にも身分コードが付けられる。つまり死者も生者の世界で序列化されることを、むしろ本書は強調しているつもりである。しかし、「英雄の死者」「権力者の死者」「民衆の死者」「智者の死者」には序列化がついてまわるが、それでも死者が歴史をつくるという影響力はどの立場も持ちえていた。本書は、そのことを主題にしたのである。

生者の世界への死者の現れ方は、階層性だけではない。すでに述べたことだが、生者と死者の関係は、人間の歴史の何時でも何処でも当てはまることもあり、日本史が東アジア世界の内側で展開したために帯びた特徴もあり、近世日本という時代だから現れた特徴もある。とくに、遺訓・家訓となって現れる死者の力は、さらにつづめて言えば、「遺徳」の力である。それが「東アジア法文明圏」共通の政治文化と不可分であることを、本書は折あるごとに指摘してきている。

ここまではプロローグに付した「死者が生者を動かす時代」にかかわることだが、本書はエピローグに付した「生者と死者が親昵な時代」にかかわる事柄にも相当の紙数をあてている。つまり、死後ではなくて「死」に直面する、そのしかたの様相である。死に近づいていく自己あるいは親を、たじろぎながらも目をそらさずに観察者のように記録していく者、みっともなく未練がましい近親者の最期から逃れずに看取っていく者らを本書で紹介したが、おそらく傷病者の臨終に至るまでの、よく似た光景はいたるところに見られたはずである。

「親昵な」と表現したが、江戸時代でも介護する側には善意も悪意も現れたり消えたりしたであろう。ただそこは似ていても、現在の日本社会と大きく異なるのは、病んで死に向かっていく者から、介護する者は手を抜くことができず、目をそらすこともできない点である。ほかの家族の者も、最期に向かう者のごく近くにいるほかはない。病気になったからといって、病院に入院することはできない。享保七年（一七二二）に吉宗政権が、目安箱に投じられた町医師の献言を活かして江戸小石川薬園の中に設けた養生所が知られているが、これは救貧施設であって、その先見性は評価するとしても、各地に設けられたわけではない。病んだ者は居宅のなかで世話をし、臨終の瞬間も居宅の中で迎えたのである。

このことについては本書の中でもいく人かの事例をあげて紹介した。武士でも百姓でも町人でも、その点においては同じである。生者と死者の「親昵な」関係というのは、そういう避けることのできない、皮膚の匂いを嗅ぎあうような、同じ屋根の下での距離関係で死までの日を一緒におくる人びとが近世人であったということを表すための形容句である。

ことさらに近世人は慈しみの感情で満ちていたということを強調したいのではないが、

それでも近世人だから自然に心身にまとっていた、現代人とは異なる生死意識があったことは否定できない。まず、近世人は、人の死を目撃する回数が現在の人びととくらべて確実に多かった。一緒に暮らした家族の死に立ち会い、死ねばその体の拭いを子供もふくめて行い、棺に納め、発臭してくることも避けないで言葉どおりの通夜を行い、葬列をつくって菩提寺に運び、埋葬にも立ち会う。死や葬式に慣れていると言ってもよいが、それは死者が身近であることを意味している。きれいな死に顔をお別れに棺の覗き窓から見るという現代人とは死の体験の濃さがちがう。

また、近世人は、天・神・仏の超越観念から縁起かつぎの物象にいたるまで人知を超えると想定している存在に対する怖れ、尊崇の気質が現代人よりも強かった。このことについて、近世人を「人格的範疇」の視角から論じたことがある〔深谷　二〇一〇〕。「死穢」という観念にある意味では後押しされて、死へいたる日々を真横で見てきた逝く死者を、近世人は、むしろ新たな威力をまとった妖しい存在として、惜別の感情と綯い交ぜに見るというところがあったと考える。

そうしたすべての意味をこめて、死者のはたらき、つまり力能としたのが本書の立場である。本書では、なお取りあげることができていない重要な問題も残っており、取りあげてはいるが仮説の提示のままで終わっていることもある。別の機会に思考を深めて論述してみたいと思う。

あとがき

　人間の本能的な優しさというべきか、あるいは、矛盾を背負って生きるのが人間だというべきか、本書で「死体」という言葉をひんぱんに書きながら、それを使いこなす「世間」の智恵に思いが飛んだ。近親者あるいは特定の集団の人びとに対しては、そこに属する人の死去した身体を、他者が「死体」と呼ぶことは憚るべき大事な作法となる。ふさわしいのは「遺体」「遺骸」という言葉であり、時には「御遺体」「御遺骸」と呼ぶ。「し」と「い」の一音だけの違いだが、悼む場面では二つは決定的に異なる語句である。

　これは、言葉を掛ける相手が死者と同じ家族や集団に「属する」ことを基準にした使い分けである。その死者を実際に見たかどうかで使い分けるのではない。人間がそういう「優しさ」に恵まれていることは、広くどこでもこうした使い分けがなされていることから納得できる。しかし、この「優しさ」は範囲限定である。範囲の向こう側の死者については、時に無感動に、時に「優しさ」どころか敵意の感情をこめた視線をおくってきたのも人間である。それを「矛盾を背負って生きるのが人間」という見方で止めてしまうのか、「優しさ」の範囲を拡張する回路が見つかるのか、歴史学の課題の一つとなろう。「死と死者の研究」はそれくらいの足構えが求められる営為のように思われる。

さて私自身のことだが、七三歳の日々を使って書きあげた原稿が、書物として世に出る時は七四歳の日々になっているにちがいない。肉親の死も何度も見てきたし、この頃では、自分より年下の知人の偲ぶ会などに出かけることもめずらしくなくなった。友人と杯をかわし合う場での話題の一つは、昔も今も知人たちの噂話だが、近年の噂話は端的に生き死にの情報である。「身分」と分けて「属性」という言葉を最初に提起したのは大橋幸泰「シンポジウム記録」（大橋　二〇一二）だが、高齢（者）というのは人の属性の中でどういう位置を占めるものだろうか。私は三九年間も大学に勤めてきたが、今は「大学人」という属性は消去された。ただし、「大学人」であった長い間も、実態的な属性というより意識の帰属感つまりアイデンティティとしては、生まれ・育ちの出身のせいか「律儀百姓」という自己意識をベースにして世の中と交わってきた。それが、いちばん居心地のよい自己定義でもあった。だから「大学人」でなくなったことの喪失感は小さい。

しかし、否定しがたく進行するエイジングと死への接近の中で、はたして仮想的な律儀百姓のアイデンティティを上位に置いて、最後まで押し通すことができるだろうか。解答は私自身の日々で明らかにしていくほかないが、なお筆力が残っている間は「死」と「死者のはたらき」についての歴史的考察はやめないことにしたい。近年心掛けている東アジア史への視野を、この問題でも養いたい。それが、現代社会にふさわしい「死者のはたらき」に、自分自身がいずれ参入する道を探ることにもなろう。

本書の刊行にあたっては、これまでと同じように、計画を立てて書きためていく一部始終に、吉川弘文館編集部の斎藤信子さんの協力を得た。深く感謝したい。

二〇一三年一一月二二日

深　谷　克　己

参考文献

深谷克己『寛政期の藤堂藩』三重県郷土資料刊行会、一九六九年。二〇〇四年に『藩政改革と百姓一揆』として比較文化研究所から複刻

深谷克己『津藩』吉川弘文館、二〇〇二年

深谷克己『近世人の研究』名著刊行会、二〇〇三年

深谷克己「近世日本における政治習俗と信仰習俗」アジア地域文化エンハンシング研究センター編『アジア地域文化エンハンシング研究センター報告集Ⅲ二〇〇四年度』、二〇〇五年

深谷克己『江戸時代の身分願望―身上りと上下無し―』吉川弘文館、二〇〇六年

深谷克己『田沼意次』山川出版社、二〇一〇年

深谷克己「士農工商と近世身分制」大橋幸泰・深谷克己編『〈江戸〉の人と身分6　身分論をひろげる』吉川弘文館、二〇一一年

深谷克己『法文明圏としての東アジア―政治文化論の視界―』岩波書店、二〇一二年

朝日重章著・塚本学編『摘録鸚鵡籠中記―元禄武士の日記―』上下、岩波文庫、一九九五年

荒井貢次郎「女人と穢れ民俗」石井良助編『女人差別と近世賤民』興英文化社、所収、一九九五年

井上智勝『吉田神道の四百年―神と葵の近世史―』角川書店、二〇一三年

入江　宏『近世庶民家訓の研究』多賀出版、一九九六年

江頭恒治『江州商人』至文堂、一九六五年
江頭恒治『近江商人中井家の研究』雄山閣、一九九二年
大野瑞男校訂『榎本弥左衛門覚書―近世初期商人の記録―』平凡社、東洋文庫、二〇〇一年
小沢　浩『生き神の思想史』岩波書店、二〇一〇年
小沢　浩『出口なお』山川出版社、二〇一二年
大橋幸泰・深谷克己編『〈江戸〉の人と身分6　身分論をひろげる』吉川弘文館、二〇一一年
加賀樹芝朗『元禄下級武士の生活』雄山閣、一九七〇年
金森正也『藩政改革と地域社会―秋田藩の「寛政」と「天保」―』清文堂、二〇一一年
神坂次郎『元禄御畳奉行の日記』中公新書、一九八四年
佐藤弘夫『死者のゆくえ』岩田書院、二〇〇八年
佐藤弘夫『ヒトガミ信仰の系譜』岩田書院、二〇一二年
高野信治「武士神格化一覧・稿（上・東日本編）」『九州文化史研究所紀要』第四七号、二〇〇三年
高野信治「近世大名家〈祖神〉考―先祖信仰の政治化―」明治聖徳記念学会編『明治聖徳記念学会紀要』復刊第四十四号、二〇〇七年
高埜利彦『元禄・享保の時代　日本の歴史13』集英社、一九九二年
高埜利彦他編『近世の宗教と社会』三巻、吉川弘文館、二〇〇八年
中川和明『平田国学の史的研究』名著刊行会、二〇一二年
中川　学『近世の死と政治文化―鳴物停止と穢―』吉川弘文館、二〇〇九年

中西　進『辞世のことば』中公新書、一九八六年
中西　進『中西進著作集12　日本文学と死』、二〇〇九年
平山敏治郎校訂編集『大和国無足人『日記』上下巻』清文堂、一九八八年
藤田　覚『田沼意次』ミネルヴァ書房、二〇〇七年
保坂　智『百姓一揆と義民の伝承』吉川弘文館、二〇〇六年
宮澤誠一「元禄文化の精神構造」松本四郎・山田忠雄編『元禄・享保期の政治と社会　講座日本近世史4』有斐閣、一九八〇年
宮本又次編『大坂の研究第三巻―近世大坂の商業史・経営史的研究―』清文堂、一九六九年
柳屋慶子『近世の女性相続と介護』吉川弘文館、二〇〇七年
横山十四男『上田藩農民騒動史』上田小県資料刊行会、一九六八年
横山十四男『義民』三省堂、一九七三年
横山十四男『百姓一揆と義民伝承』教育社、一九七七年
若尾政希「百姓一揆物語と『太平記読み』―百姓一揆物語研究序説―」『民衆運動史2　社会意識と世界像』青木書店、一九九九年
若尾政希『「太平記読み」の時代―近世政治思想史の構想―』平凡社、一九九九年
若尾政希「『東照宮御遺訓』の形成―『御遺訓』の思想史的研究序説―」『一橋大学研究年報社会学研究』三九、二〇〇一年

著者紹介

一九三九年　三重県に生まれる
一九七一年　早稲田大学大学院文学研究科博士課程修了
現在　早稲田大学名誉教授

主要著書

『近世人の研究―江戸時代の日記に見る人間像―』（名著刊行会、二〇〇三年）
『江戸時代の身分願望―身上りと上下無し―』（吉川弘文館、二〇〇六年）
『田沼意次―「商業革命」と江戸城政治家―』（山川出版社、二〇一〇年）
「士農工商と近世身分制」『〈江戸〉の人と身分6―身分論をひろげる―』（共編、吉川弘文館、二〇一一年）
『東アジア法文明圏の中の日本史』（岩波書店、二〇一二年）

歴史文化ライブラリー
371

死者のはたらきと江戸時代
遺訓・家訓・辞世

二〇一四年（平成二十六）一月一日　第一刷発行

著　者　深《ふか》谷《や》克《かつ》己《み》
発行者　前田求恭
発行所　株式会社　吉川弘文館
東京都文京区本郷七丁目二番八号
郵便番号一一三―〇〇三三
電話〇三―三八一三―九一五一〈代表〉
振替口座〇〇一〇〇―五―二四四
http://www.yoshikawa-k.co.jp/

印刷＝株式会社 平文社
製本＝ナショナル製本協同組合
装幀＝清水良洋

歴史文化ライブラリー

1996.10

刊行のことば

現今の日本および国際社会は、さまざまな面で大変動の時代を迎えておりますが、近づきつつある二十一世紀は人類史の到達点として、物質的な繁栄のみならず文化や自然・社会環境を謳歌できる平和な社会でなければなりません。しかしながら高度成長・技術革新にともなう急激な変貌は「自己本位な刹那主義」の風潮を生みだし、先人が築いてきた歴史や文化に学ぶ余裕もなく、いまだ明るい人類の将来が展望できていないようにも見えます。このような状況を踏まえ、よりよい二十一世紀社会を築くために、人類誕生から現在に至る「人類の遺産・教訓」としてのあらゆる分野の歴史と文化を「歴史文化ライブラリー」として刊行することといたしました。

小社は、安政四年（一八五七）の創業以来、一貫して歴史学を中心とした専門出版社として書籍を刊行しつづけてまいりました。その経験を生かし、学問成果にもとづいた本叢書を刊行し社会的要請に応えて行きたいと考えております。

現代は、マスメディアが発達した高度情報化社会といわれますが、私どもはあくまでも活字を主体とした出版こそ、ものの本質を考える基礎と信じ、本叢書をとおして社会に訴えてまいりたいと思います。これから生まれでる一冊一冊が、それぞれの読者を知的冒険の旅へと誘い、希望に満ちた人類の未来を構築する糧となれば幸いです。

吉川弘文館

〈オンデマンド版〉
死者のはたらきと江戸時代
遺訓・家訓・辞世

歴史文化ライブラリー
371

2022年（令和4）10月1日　発行

著　者　深《ふか》谷《や》克《かつ》己《み》
発行者　吉川道郎
発行所　株式会社　吉川弘文館
〒113-0033　東京都文京区本郷7丁目2番8号
TEL　03-3813-9151〈代表〉
URL　http://www.yoshikawa-k.co.jp/

印刷・製本　大日本印刷株式会社
装　幀　清水良洋・宮崎萌美

深谷克己（1939～）

ISBN978-4-642-75771-3